# LA VIOLENCE DE L'AMOUR

Caroline Thompson

# LA VIOLENCE DE L'AMOUR

HACHETTE
Littératures

Ouvrage publié sous la direction de Serge Hefez

Pour l'éditeur, le principe est d'utiliser des papiers composés de fibres naturelles, renouvelables, recyclables et fabriquées à partir de bois issus de forêts qui adoptent un système d'aménagement durable.
En outre, l'éditeur attend de ses fournisseurs de papiers qu'ils s'inscrivent dans une démarche de certification environnementale reconnue.

ISBN : 978-2-01-235769-3

*À Anna, bien sûr...*

*À J.-P., évidemment.*

*À mon père.*

# Introduction

Pour bien élever ses enfants il suffit de les aimer, voilà l'idée actuelle. Si l'amour entre un parent et son enfant est essentiel pour l'épanouissement de celui-ci, le discours idéalisé autour de cette émotion cache une réalité beaucoup plus complexe. L'amour n'est pas un sentiment univoque et sa force peut le transformer en une arme à double tranchant. D'un coté, l'obligation d'un amour inconditionnel, de l'autre, des frustrations, des rejets, des ressentiments. Tout cela est normal mais ne cadre pas avec notre idée de l'amour. Nous avons beaucoup de mal à accepter cette ambivalence. Confrontés à ces paradoxes, face à nos enfants, nous voyons que l'amour ne suffit pas toujours, il peut même être dangereux.

Nombre de consultations dans mon cabinet de psychanalyste se font aujourd'hui autour de cette question. N'est-ce pas plutôt le narcissisme des parents qui se manifeste à travers cet amour soi-disant absolu, enfermant nos enfants dans un système de faire-valoir au lieu de leur laisser l'espace pour grandir ?

L'amour a pris une place prépondérante dans notre société, et tient lieu d'idéologie. C'est ce sentiment qui régit nos rapports intimes à l'exclusion des autres principes. Difficile de punir un petit si on a peur qu'il ne vous aime plus. Impossible de s'autonomiser à l'adolescence si l'on sent que papa et maman ont besoin de vous. Ainsi dans le cadre de la famille, là où jadis l'autorité tenait un rôle important, aujourd'hui c'est le sentiment qui organise la relation. La loi a été supplantée par l'amour. Fonder le lien familial sur une émotion par définition instable et fugitive le fragilise. Les nouvelles donnes familiales le prouvent : le nombre croissant de divorces et surtout la durée de plus en plus courte de l'union (quatre ans en moyenne) montrent qu'une fois l'amour évanoui, ou plutôt une fois dissipée la première phase de l'amour, on passe à la relation suivante : lorsque la tiédeur s'installe, on préfère s'en aller. Toujours en quête d'un amour passion éternel, nous préférons vivre plusieurs histoires plutôt que de laisser le sentiment amoureux évoluer au cours d'une seule. Il ne s'agit pas d'une désillusion mais au contraire d'un idéal difficile voire impossible à atteindre.

Mais qu'en est-il pour nos enfants ? Cet amour-là échappe-t-il aux dérèglements du cœur et au changement de température affectif ? C'est l'idée prédominante aujourd'hui : on aimerait nos enfants pour toujours, ce lien-là étant indéfectible. Cette relation prend du coup une importance qu'elle n'avait pas, et une nouvelle dépendance s'établit. Non plus celle de l'enfant vis-à-vis du parent, naturelle du fait de son immaturité, mais celle du parent vis-à-vis de l'enfant qui devient le pilier d'une relation stable : le parent a aujourd'hui besoin de son enfant. Les nombreuses pathologies de la séparation qui s'expriment du côté de l'enfant sont souvent l'expression de la difficulté des parents à laisser leur progéniture partir. Un enfant qui a du mal à prendre son indépendance cache souvent un parent qui a du mal à le lâcher.

Ainsi, l'amour comme fondation unique du lien est une voie périlleuse et le retour de bâton peut exister. La violence de ce sentiment est méconnue de nos jours alors que nos ancêtres l'avaient bien comprise et avaient eu la sagesse de distinguer les foudres de la passion de l'institution familiale. Nous nous refusons à accepter l'ambivalence propre à l'amour, son caractère fugitif et changeant, qui existe, aussi, dans l'amour que nous portons à nos enfants.

Cette ambivalence fondamentale a été très bien étudiée par la psychanalyse : notre haine s'exprime sur les mêmes objets que notre amour. En éliminant toute autre référence que l'amour nous n'avons plus de garde-fou face à la complexité de ce sentiment. Tout miser sur l'amour peut avoir des effets paradoxaux et ne nous offre plus les outils nécessaires pour élever nos enfants.

Des difficultés que nous rencontrons avec notre progéniture, on peut tirer deux constats : le premier s'observe dans l'idéal de perfection de la part des parents qui découle de leur propre narcissisme. Pour être de bons parents il faut que l'enfant soit réussi. Il devient ainsi le reflet de leur succès et valide « le bon parent », ce nouveau statut social.

Le second élément est l'absence de référence extérieure : la famille s'est repliée sur elle-même et a cessé d'être un relais entre la société et l'individu.

Quelles valeurs désirons-nous transmettre à nos enfants ? Le bonheur et l'amour sont des notions bien encombrantes parfois. L'éducation, dont le principe est la transmission du savoir d'une génération à une autre, est en crise. Le simple fait d'exister suffit : « pas besoin de faire ses preuves », voilà le message envoyé à nos petits.

Paradoxalement au moment où tout le monde veut être parent, plus personne ne veut éduquer car cela oblige à une distance vis-à-vis de ses enfants afin de pouvoir les guider, notamment en leur interdisant un certain nombre de choses. Comment alors faire accepter les renoncements inhérents à l'éducation si l'on considère que l'enfant a un savoir équivalant à celui de ses parents ? Quels sont les effets de cette idéologie sur la construction psychique des enfants et des générations futures ? Comment s'inscrire dans l'histoire et dans le temps si la séparation est impossible ? Sur quels principes élever nos enfants ?

Souvent les difficultés que nous connaissons avec notre progéniture sont l'expression de difficultés que nous avons avec nous-mêmes. Les « limites » que nous n'arrivons pas à mettre à nos enfants reflètent la porosité des limites entre eux et nous. Nous sommes dans une identification trop proche qui les empêche de prendre leur autonomie. En les considérant comme nos égaux, nous ne leur permettons pas de vivre leur enfance et nous-mêmes ne jouons pas notre rôle de parent, qui repose sur la différenciation et non la similitude. À cet égard nous pouvons comprendre la panoplie des comportements sociaux actuels : le refus de vieillir, la fascination pour l'enfance, le développement personnel qui fait des parents des êtres en devenir au même titre que leurs petits.

Si la fonction de parent consiste à mener à l'âge adulte des êtres indépendants, nous devons trouver la bonne distance de façon qu'ils puissent à leur tour vivre et élever des enfants.

# 1.

# L'amour idéalisé

Si, au XIX^e siècle, on avait demandé aux parents ce que représentait pour eux une bonne éducation, ils auraient sans doute répondu : la transmission, la morale ou encore le savoir, mais sûrement pas l'amour. Aujourd'hui, pour de nombreux parents, c'est bien l'amour qui est le principe moteur d'une éducation réussie, laquelle consiste à faire le bonheur de ses enfants. Que de fois entend-on : « Il suffit d'aimer ses enfants... » ! Pourtant, la perplexité, voire le désarroi de ces mêmes parents face à leur progéniture révèlent que les choses ne sont pas si simples. En réaction à des systèmes éducatifs répressifs qui méritaient sans doute d'être corrigés, l'amour est devenu le fondement principal de la famille. On oublie que la sévérité et l'autorité n'empêchait pas l'amour, mais au contraire, pouvaient le nourrir et permettre de contrôler ses débordements. Jadis ce sentiment existait mais il n'était pas mis sans cesse en avant et n'avait pas le statut qu'on lui accorde aujourd'hui, place disproportionnée par rapport à d'autres valeurs et aux dépens de celles-ci.

Pourtant l'amour est essentiel. Être privé d'amour est une grande blessure pour l'enfant car toute la constitution de son être et de son devenir dépend du premier regard bienveillant posé sur lui. Aimer, être aimé sont ainsi des expériences essentielles qu'on ne peut remettre en question. Mais elles ne sont pas suffisantes. Car l'amour est un sentiment qui peut être très violent, et si la haine provoque souvent une réaction de protection, il est très difficile de se défendre de l'amour qui se présente pourtant sous divers atours et n'est pas toujours aussi bienveillant qu'on se plaît à l'imaginer.

De nos jours, le lieu d'épanouissement de l'amour se situe dans la famille. Alors qu'on la dit en crise, elle est pourtant omniprésente : c'est l'un des paradoxes de notre temps où l'individualisme nous rend méfiants, voire révoltés vis-à-vis de cette institution que l'on ne choisit pas et qui implique une série d'obligations. « Famille, je vous hais », proclamait déjà Gide, démontrant la difficulté de vivre en bonne entente et signifiant l'horreur de la dette que la famille peut imposer. Pourtant aujourd'hui, elle apparaît comme un bastion formant une microsociété qui protège du monde extérieur et offre un réseau de liens.

C'est la structure même de la famille qui a évolué. Si, pendant près de deux siècles, la figure centrale du père régnait sur le foyer nucléaire, celui-ci se constitue aujourd'hui autour de l'enfant, qui en devient l'axe. Cela est d'autant plus vrai que la naissance d'un premier bébé fonde de plus en plus souvent la famille, à travers le très symbolique livret de famille délivré à ce moment-là lorsque les parents ne sont pas mariés – ce qui est fréquemment le cas actuellement.

Toute cette évolution n'est pas sans répercussions sur les relations entre parents et enfants : ces derniers sont mis dans une position centrale au lieu d'être les maillons d'une transmission organisée linéaire.

### *L'amour, nouvelle idéologie*

Aimer ! Nous n'avons que ce mot à la bouche et l'amour est au cœur de toutes nos préoccupations. Les grandes idéologies politiques ayant disparu, l'individu moderne se tourne vers la cellule familiale et les émotions qu'il ressent. Au temps de la mondialisation, l'horizon de nos vies semble paradoxalement se rétrécir et chacun cultive son petit jardin personnel. L'amour a donc pris une place prépondérante – celle qu'on a bien voulu lui accorder ; il fait figure de nouvelle transcendance, dans un syncrétisme propre à notre époque. L'une des raisons de cette situation repose sur l'idée – illusoire – du libre choix, sans contingence ni déterminisme social, idée qui est en accord avec notre conception de l'individu, indépendant, se construisant lui-même, autosuffisant et complet. Cette notion relève pourtant du mythe, tout comme celle, opposée, qui prétend qu'on ne choisit pas d'aimer, que cela vous « tombe dessus ». Le succès des histoires d'amour improbables ne fait que démontrer cette vérité en les érigeant en exceptions. Ces deux croyances contraires méritent d'être relativisées : on n'aime pas n'importe qui n'importe quand ; il est impossible de ne pas tenir compte de certaines données, sociales ou historiques.

Pourtant l'amour est devenu le fondement principal du lien, à l'origine de toute union, à l'exclusion des autres éléments, reléguant à l'arrière-plan des valeurs telles que la construction d'une famille, l'arrangement financier, la complicité, les goûts communs ou encore la transmission d'un patrimoine.

Un seul mot d'ordre désormais : il faut aimer ! son mari, son travail, ses enfants... Telle est la version sentimentale du bonheur. « Gare à toi si tu n'aimes pas, tu vis dans la tiédeur », nouvelle injonction à être heureuse. Or, la relation ne se réduit pas à l'affect ; elle obéit aussi à une construction psychique et sociale qui a ses règles et ses lois invisibles. Privé de ce cadre, l'amour peut devenir tyrannique et destructeur. Il peut aussi tout simplement s'éteindre.

Le sujet n'est pas nouveau. Toute la civilisation chrétienne repose sur l'idée d'amour. Et la littérature est là pour témoigner de l'importance constante de ce sentiment, quelles que soient les époques où il se déploie. Pénélope et Ulysse, Tristan et Yseult, la princesse de Clèves et le duc de Nemours, Valmont et Mme de Tourvel dont les liaisons sont dangereuses, Perdican et Camille qui badinent trop avec l'amour... autant de personnages qui, à travers les siècles, illustrent l'intemporalité de ce lien. Nul besoin pourtant d'être héros de roman pour connaître les joies et les affres de l'amour ; chacun peut vivre ce transport à un moment de son existence, moment d'ivresse qui coupe du reste du monde car seuls comptent alors l'être aimé et le sentiment qu'on éprouve pour lui, moment de fusion à deux, moment transitoire de folie partagée (ou non).

L'âge romantique avait fait de l'amour sa raison de vivre et de mourir, un sentiment au caractère rebelle, manifeste contre l'ordre établi. D'autres périodes ont privilégié son statut libertin. Toutes ont en commun d'avoir reconnu le désordre que l'amour est susceptible de créer. On comprend alors que le sentiment ne peut être le fondement d'une société.

Il y a plus de trente ans, les hippies prônaient une civilisation de « peace and love ». Héritière de cette idée, notre époque a pourtant tenté, ô folie ! d'ériger l'état amoureux en soubassement de la vie familiale. Il faut voir là la conséquence de l'individualisme qui, ayant remis en question et défait toutes les structures préexistantes du lien, poursuit sa course vers l'intériorité et oblige le sujet à se reposer sur ce qu'il ressent pour choisir son objet d'amour. Ce n'est donc plus la place dans la famille ou dans la société qui définit le sujet mais bien son *monde intime.* Cette nouvelle liberté n'est pas exempte de contraintes parfois difficiles, car elle ne tient pas compte des « égarements du cœur et de l'esprit » et réclame qu'un sentiment, souvent fragile et fugitif, soit définitif.

*Qu'est-ce que l'amour ?*

Alors que nous ne parlons que d'amour, nous aurions bien du mal à lui donner une définition. Est-il un sentiment ou un idéal ? En réalité, il s'agit d'un mot-valise qui a pris des significations différentes selon les époques, chacune tentant de donner un sens à cet affect en le classifiant ou en l'intégrant à une organisation sociale particulière : la Grèce antique, les chrétiens, le Moyen Âge et l'amour courtois, les romantiques et enfin Freud. Aujourd'hui, comme nous l'avons vu, l'amour est obligatoire, narcissique et idéalisé. Être aimé nous confère de la valeur et l'amour peut nous distinguer, répondant ainsi à notre quête d'une singularité enviable.

Depuis le début de l'ère chrétienne, l'amour a été expurgé de son contenu ambivalent : lorsqu'on nous frappe une joue, on doit tendre l'autre, afin de n'être qu'amour, ce qui ne laisse plus de place à la haine. Toute la pensée chrétienne repose sur ce principe. Pourtant, les choses sont loin d'être aussi simples...

S'obliger à aimer n'a pas de sens, ce sentiment échappant à la volonté et au processus de décision. D'après Kant, il ne peut y avoir de contrainte en amour et il préfère parler de « vertu maternelle [1] » pour désigner le lien qui unit la mère à son enfant, soulignant ainsi que les soins qu'elle lui procure ne proviennent pas uniquement de l'amour qu'elle lui porte. On peut donc s'occuper de son enfant sans forcément l'aimer, ou du moins ne pas toujours l'aimer – en tout cas pas avec la même intensité – mais toujours s'en occuper. Et si l'on ne peut décider d'aimer, on peut décider de prendre soin.

« L'amour n'est pas un commandement, mais un idéal », dit encore Kant, idéal qui nous guide et nous éclaire, puisque l'amour ne peut vouloir que le bien.

1. Emmanuel Kant, *Critique de la raison pratique*, « Des mobiles de la raison pure pratique », PUF, 2005, p. 87-89.

L'idéal s'oppose ici à la morale qui n'a de raison d'être que si le sentiment vient à faire défaut. Si on n'aime pas de façon spontanée, alors il recommande de se conduire comme si on aimait, c'est-à-dire en voulant le bien de l'autre. En effet, si l'amour nous guidait, le bien régnerait, puisque grâce à l'amour « on a envie de faire ce qu'il est bien de faire ». Ainsi, le bien et le désir se rejoignent, dans une conception très chrétienne.

Un glissement s'est opéré depuis cette époque, de l'idéal à l'idéalisation. Il ne faut pas confondre le premier, qui est une aspiration, et la seconde, qui refuse de prendre en compte la réalité et repose sur le déni de celle-ci. Si l'amour peut être un idéal, il n'est pas toujours facile à atteindre. Cela est particulièrement vrai dans notre société qui a fait de l'amour et de la liberté ses deux principes organisateurs, sans mesurer à quel point ces deux aspirations entrent en conflit. Alors même qu'on récuse la notion de devoir, au nom de la liberté, de la sincérité et de l'authenticité prônées depuis Mai 1968, l'amour devient une obligation. Paradoxalement, ce sentiment a pris le statut de nouvelle morale ; aimer n'est plus une possibilité, mais une injonction : il faut aimer, on doit aimer. Et nous sommes sans cesse interpellés : aimons-nous assez ? Aimons-nous bien ?

L'idéalisation de l'amour ne nous empêche pas de vivre une époque mièvre, sucrée, édulcorée. Car de cet amour nous voulons l'intensité, à condition qu'elle soit assortie d'un principe de précaution : aimer à la folie, oui, mais ne jamais souffrir. Nous ne voulons pas reconnaître la violence des sentiments, quels qu'ils soient, et les excès, toujours relatifs, ne sont acceptés que s'ils sont jugés « bons ». Nous cherchons ainsi à évacuer le tragique de nos vies, feignant de croire que cela est possible. S'il est compréhensible de vouloir être heureux, nul ne peut échapper au malheur, à la tristesse, mais lorsque l'on est confronté aujourd'hui à ces moments, on a du mal à leur trouver un sens. Cela explique peut-être notre appétence pour certaines émissions télévisées [1] qui, montrant la détresse d'anonymes et de célébrités, en font quelque chose d'ordinaire et cherchent justement à lui donner un début de signification. Mais ici comme ailleurs, l'ambivalence des sentiments est rarement mise en avant, ni même évoquée, comme si elle était décidément trop difficile à accepter.

L'amour dont on parle de nos jours, l'amour que l'on cherche, c'est bien l'amour passion, tel qu'il a été analysé par Denis de Rougemont [2] et inventé en Occident au XIe siècle avec l'amour courtois. Au moment où l'individu s'affirme de plus en plus, ce sentiment est devenu un baromètre de soi, une sensation forte qui s'inscrit dans une quête plus générale d'intensité. Il faut

1. « Ça se discute », de Jean-Luc Delarue, « Vie privée, vie publique », de Mireille Dumas, entre autres.
2. Denis de Rougemont, *L'Amour et l'Occident*, 10/18, 2001.

aimer, passionnément, et si ce n'est pas le cas, changer de vie ou tout au moins de partenaire, les formes d'attachement plus douces étant dévalorisées. Si je ne ressens pas les mouvements de l'amour, ma relation a-t-elle encore une valeur ? Quelle pression ! Comment concilier cette exigence d'intensité avec nos vies quotidiennes ?

Tout se passe pourtant comme si paradoxalement l'on avait oublié que l'amour passion a toujours été synonyme de désordre. Comment en contrôler la force destructrice ? Notre aspiration actuelle est double : encourager la passion – car elle nous fait ressentir des émotions fortes – mais sans s'aliéner à l'objet de cette passion, car le sujet demeure son propre horizon.

### *Des Grecs à la sexualité freudienne*

Les Grecs distinguaient trois formes d'amour : Éros, l'amour passion entre amants, Agapé, l'amour pur, gratuit et désintéressé, et Filia, l'amour pour les enfants. La sexualité était une forme de passion et elle a d'ailleurs été considérée durant des siècles comme l'apanage du rapport amoureux, la relation parent-enfant en étant totalement dépourvue. Puis arriva Freud. Pour lui, toute forme de libido – l'énergie sexuelle – a une source commune et l'amour est donc, par essence, sexuel, y compris entre le parent et l'enfant. Si tout amour est sexuel, l'interdit de l'inceste vient cependant organiser la force de cette pulsion. Ce postulat freudien, révolutionnaire, demeure incompris aujourd'hui encore tant il continue de paraître choquant. Il suffit cependant de regarder les enfants pour se rendre compte que la sexualité ne commence pas à la puberté – même si la sexualité agie entre deux partenaires peut se concrétiser à partir de l'adolescence. Nous sommes, dès notre naissance, des êtres sexuels, c'est-à-dire des êtres mus par le désir et le plaisir, et tout notre développement psychique et affectif est marqué par cette caractéristique. Ainsi l'amour de l'enfant pour le parent est-il sexuel, au sens où il est d'emblée ancré dans le corps et fondé sur un principe de plaisir. Un bébé qui prend le sein éprouve une double satisfaction : celle de la satiété, et celle du confort de la chaleur maternelle. Une maman qui lave, câline, dorlote, berce et donne du plaisir à son enfant en prend elle aussi.

Une autre distinction est celle entre l'amour passion, que l'on subit, et l'amour action, que l'on donne ; l'amour qui repose sur le manque et l'amour qui résiste à la présence de l'objet. Ainsi, l'amour que l'on porte à son enfant, comme l'amitié, ne repose pas sur l'absence. Cela ne veut pas dire que l'enfant ne manque pas au parent mais que l'attachement qu'on lui porte est lié à son existence même, qu'il soit là ou pas. Cela supposerait donc que l'amour pour l'enfant est désintéressé, « pur » : la présence de l'objet aimé ne modifie en rien le sentiment. Il existerait donc une spécificité de l'amour porté à l'enfant. Cette spécificité a-t-elle toujours cours à une époque où, nous le verrons, l'amour pour notre descendance est tout aussi passionné que celui pour l'amant, et n'échappe ni au manque ni à l'ambivalence ?

### *L'impossible ambivalence*

L'amour est un sentiment pour le moins complexe. S'il paraît indiscutable que l'indifférence vis-à-vis d'un enfant est terrible, susceptible d'entraver son développement, il est impossible d'ignorer que l'on peut mal ou trop aimer. S'il n'est pas cadré, l'amour, dont l'une des caractéristiques est d'être sans limites, peut devenir dévorateur, fusionnel. C'est le cas de la passion amoureuse, mais aussi parfois aujourd'hui de l'amour entre le parent et l'enfant.

La fin du XIXe siècle est marquée par une abondante littérature qui décrit les mauvais parents, ceux qui battent leurs enfants et les maltraitent, soit en les privant, soit – ce qui est bien pire – en ne leur donnant pas d'amour. Tout le monde se souvient ainsi de Poil de Carotte, figure exemplaire de l'enfant malheureux, mal aimé par une mère qui s'applique pourtant à jouer le jeu de l'affection à son égard. Il n'est pas seul dans ce cas ; à ses côtés, l'enfant, de Jules Vallès, certains personnages de la comtesse de Ségur, David Copperfield, Torless et son désarroi, et Rémi, « sans famille », d'Hector Malot. Au moment même où la famille et l'amour qu'elle prodigue prennent le devant de la scène, l'orphelin devient un personnage de roman privilégié, et la souffrance de l'enfant rejeté, abandonné, est enfin reconnue.

Mais il y a aussi l'expression de ce que Freud appelle « le roman familial », qui permet à l'enfant d'échapper à sa souffrance en revisitant ses origines pour s'inventer une ascendance digne de lui et remettre en question ses liens biologiques. Ce que montrent les romans évoqués c'est comment un enfant peut sortir de sa famille, quelle qu'elle soit, en imaginant qu'il vient d'ailleurs et que ses parents ne sont en réalité pas les siens. Tous ne mettent pas en scène des enfants délaissés, mais plutôt des familles « mal aimantes ». On aurait ainsi toujours besoin de fuir l'amour de sa famille, ou de rêver plus bel amour. Poil de Carotte, lui, n'est pas malheureux d'être séparé de sa famille ; c'est bien elle – et la violence qui règne en son sein – qui est la cause de sa souffrance. Ici, l'émergence de l'amour familial s'accompagne d'un sadisme envers l'enfant. L'amour est tellement bouleversant, tellement violent – ne serait-ce que par l'angoisse de le perdre – qu'il induit des réactions paradoxales, montrant une autre face de l'attachement, plus noire, moins idéale, où le plaisir de tourmenter le faible se fait jour.

*Le lien amour-haine*

« Une fois, il fut demandé devant moi en quoi consistait le plus grand plaisir de l'amour. Quelqu'un répondit naturellement : "À recevoir." Et l'autre : "À donner." [...] Tous ces orduriers parlaient comme l'imitation de Jésus-Christ... Moi je dis, la volupté unique et suprême de l'amour gît dans la certitude de faire le mal[1]. » Baudelaire n'est pas le seul à reconnaître le lien profond qui existe entre amour et haine. La voie a été largement explorée par Freud qui tentera de concilier pulsions de vie (l'amour) et pulsions de mort (la haine).

Dans le mythe d'Œdipe, les unes et les autres sont réunies et les sentiments entremêlés : c'est parce que l'on veut un parent pour soi que l'on souhaite éliminer l'autre, la haine provenant bien de l'amour. La culpabilité ressentie à éprouver des sentiments négatifs envers un parent et surtout la peur de le perdre si son fantasme se réalise organisent la vie psychique et apaisent peu à peu la violence de ces sentiments.

Il n'y a pas d'amour sans haine. Saint Thomas d'Aquin le premier reconnaît chez les chrétiens la validité d'un tel sentiment qu'il classe dans les « passions concupiscibles » – opposées aux « passions irascibles ».

1. Charles Baudelaire, « Fusées », *Œuvres complètes*, tome 1, « La Pléiade », Gallimard, 1975, p. 651.

Selon lui, il est normal de haïr ce qui vous empêche d'aimer. Le dominicain Jacques Pohier parle pour sa part de la haine de Dieu et de l'importance de pouvoir lui faire une place, afin de mieux vivre son amour pour lui et, donc, sa foi. On peut ainsi faire l'hypothèse que la violence liée aux religions vient précisément de celle que représente l'injonction d'aimer. La haine, inévitable, doit alors s'exprimer ailleurs, en étant projetée sur les autres. La haine, dit-il, porte « plus radicalement sur cela même qui fait que la mère est aimée, sur ce qui fait que la mère est mère. Ce qui fait qu'on lui est indéfectiblement attaché et qu'on dépend radicalement d'elle, cela même qui fait qu'on la hait d'une haine qui nous lie à elle de façon tout aussi indéfectible et nous rend tout aussi radicalement dépendant d'elle [1] ». C'est donc de l'amour lui-même que naît la haine, qui est haine de la dépendance à laquelle l'amour contraint.

« Il existe, dans de nombreuses langues, un mot qui désigne à la fois l'acte de donner et celui de prendre, la charité et l'avidité, la bienfaisance et la convoitise ; c'est le mot amour [2] », écrit le philosophe Alain Finkielkraut. Il met ainsi en évidence la double face de l'amour, jamais univoque ni purement désintéressé. L'idée de pureté est même dangereuse, parce qu'elle nous expose à mépriser

1. Jacques Pohier, *Dieu fractures*, Le Seuil, 1985, p. 298.
2. Alain Finkielkraut, *La Sagesse de l'amour*, Gallimard, 1984, p. 11.

l'autre, à lui reprocher de ne pas être à la hauteur du sentiment qu'on lui porte et inversement à en vouloir à celui que l'on peut décevoir parce qu'on n'est jamais digne de son amour.

La faiblesse de l'autre, en particulier celle de l'enfant, peut suffire à exciter la face cachée de l'amour. Elle nous oblige à être là, à en prendre soin, à l'aimer. Il nous arrive de lui en vouloir d'exister. Ce ressenti d'hostilité ou de haine submerge et échappe souvent à celui qui l'éprouve et qui va détester l'être à l'origine de ces sentiments honteux. Comme le dit Alain Finkielkraut : « Le mal procède d'abord d'une volonté de punir l'Autre de son intrusion dans mon existence[1]. »

Si le sentiment d'amour peut éveiller des réactions brutales et contraires, c'est parce qu'il comporte une part de dépendance : on dépend toujours de l'être que l'on aime et c'est souvent cela qui est vécu comme insupportable. « C'est parce que, comme dans la passion, je ne peux pas me soustraire à un Autre qui m'échappe toujours, c'est parce que je ne suis pas l'égal du prochain, mais son élu, son otage, son débiteur, que me submergent parfois les pulsions agressives[2]. » La haine apparaît alors comme une défense contre l'amour. La psychanalyste Melanie Klein a montré que la part fusionnelle,

1. *Ibid.*, p. 145.
2. *Ibid.*, p. 148.

indissociable de l'amour, se changea en rejet de l'objet aimé.

La relation à la mère, modèle de toute relation à venir, repose sur une ambivalence fondamentale : celle qui donne – la vie, la nourriture, les soins, l'amour... – est aussi celle qui frustre, interdit et limite. L'amour et la haine sont donc ici intimement liés, car la gratification et la souffrance viennent d'une seule source. Quand un même objet est à la fois aimé et haï, c'est ce que l'on appelle l'ambivalence des sentiments. Les enfants l'expriment assez naturellement quand, dans les moments de conflits ou d'interdiction, ils déclarent « je te déteste » pour murmurer une heure plus tard « je t'aime ». Cette ambivalence, si bien décrite par les psychanalystes, est devenue inacceptable. Contrairement aux histoires racontées dans la littérature de la fin du XIXe siècle, on refuse actuellement de reconnaître que l'amour n'est pas constant, pur, simple et que la haine provient de celui même qui nous aime. La nature de l'amour est profondément double, et plus on cherche à nier cette dualité, plus elle risque de revenir en force. Ce retour du refoulé peut alors avoir des effets ravageurs : si les élans de haine qui nous traversent parfois ne sont pas reconnus comme l'expression d'une ambivalence « normale », la haine risque de s'installer de façon continue. Afin de l'éviter, se met parfois en place un mécanisme de déplacement : pour ne pas reconnaître la haine ressentie à l'égard de l'objet aimé, on choisit un autre objet à détester, plus neutre. Mais cette stratégie psychique ne fonctionne pas toujours.

Winnicott a parfaitement décrit l'ambivalence inhérente à la relation entre la mère et son enfant. Derrière la douceur, l'attention, la patience, peut parfois se manifester l'agressivité. Certaines comptines enfantines en témoignent. Il en cite une, *Rock a by Baby*, où la mélodie paisible contraste fortement avec les paroles décrivant un berceau qui tombe d'un arbre, laissant choir le bébé. Et le psychanalyste anglais d'expliquer que les mamans de nouveau-nés ont besoin d'exprimer à la fois leur amour et l'agressivité qu'elles peuvent ressentir envers leurs bébés qui exigent d'elles tant d'attention et de temps.

Le charme parfois sirupeux et la mièvrerie de certaines manifestations d'affection apparaissent alors comme autant de parades qui dissimulent quelque chose de moins idyllique. Pour le comprendre, il suffit d'observer comme les gens trop gentils finissent par nous mettre mal à l'aise. Sans doute parce que l'on pressent que cette amabilité débordante leur sert à taire des sentiments moins chaleureux. S'ils se gardent de les exprimer, ce n'est pas pour épargner l'autre, mais pour s'épargner eux-mêmes : avoir des mauvais sentiments, ce serait en effet accepter qu'ils ne sont pas parfaits. Ce mécanisme, désigné par Freud sous le terme de « formation réactionnelle », consiste à faire et à dire le contraire de ce qui est réellement ressenti. L'affection, l'amitié ou même l'amour peuvent traduire des sentiments moins « avouables ».

C'est ce qui arrive à Suzanne qui vient me voir parce qu'elle ressent « des envies irrépressibles de faire du mal à son fils », imaginant notamment qu'elle le pousse dans le vide. La frayeur qu'elle éprouve face à ce fantasme récurrent est telle qu'elle tente d'y échapper en redoublant de sollicitude à l'égard du bébé. Dans ce qu'elle appelle ses « moments de crise », elle s'arrange pour ne pas être seule avec lui, pour se protéger elle-même plus encore que pour le protéger, lui, de ses peurs et de sa violence qui jusqu'à maintenant n'a jamais été mise en acte. Elle parle alors de culpabilité : elle se hait d'avoir de telles pensées qui d'évidence font d'elle une mauvaise mère désireuse de faire mal à son enfant. Mais, presque dans le même temps, elle évoque la joie dont la remplit son petit garçon. Je lui suggère que les mauvaises pensées qu'elle s'inflige sont peut-être une manière de se punir du bonheur qui est le sien depuis la naissance de son enfant. L'envie de lui faire du mal est aussi une façon d'éprouver ce qu'elle ressent pour ce petit être sans défense, mais en négatif. C'est tout aussi fort que de l'aimer. C'est justement l'outrance de ces fantasmes mortifères qui en fait l'envers de l'amour. Comprendre ce lien entre les deux sentiments extrêmes a aidé cette patiente à se réconcilier avec elle-même et à prendre conscience qu'elle ne ferait pas de mal à son bébé. C'est à elle qu'elle en faisait en s'infligeant ces idées. Les pensées violentes de Suzanne trouvaient leur origine dans sa difficulté à accepter les émotions positives qu'elle ressentait. Elle n'y avait pas droit. Lorsqu'elle le comprit progressivement, ces fantasmes ont disparu et elle s'est sentie en meilleure intelligence avec ses mouvements ambivalents.

L'amour des parents les plus aimants n'est jamais dénué d'une certaine agressivité, parce que celle-ci est inhérente à tout rapport humain. À l'opposé, certains parents qualifiés de maltraitants laissent parfois, à leur façon, transparaître de l'amour. C'est d'ailleurs ce qui rend les placements familiaux si délicats : on retire l'enfant à ses parents, alors qu'il les aime, en dépit de leur violence, allant même jusqu'à prendre les sévices dont il est l'objet pour des preuves d'amour. C'est aussi parce que l'enfant a besoin de se croire aimé qu'il finit par confondre maltraitance et amour.

Pour tenter de donner un sens à cette ambivalence des sentiments parentaux, les enfants cherchent des justifications, construisent des scénarios. Et lorsque la violence est trop forte, ils peuvent avoir recours à des mécanismes de projection qui leur permettent soit de nier les comportements violents auxquels ils sont confrontés, soit de les supporter, mais en les attribuant à une autre personne : la maman qui crie, insulte et frappe n'est pas la même que celle qui embrasse et fait des gâteaux. Cette séparation psychique a des répercussions importantes, sur l'appréhension de la réalité notamment. Alors que, en temps normal, les petits apprennent progressivement qu'une même personne peut être à la fois aimée et haïe, lorsqu'ils sont face à des parents maltraitants, ils continuent à vivre un même individu comme deux personnes différentes, conservant ainsi un bon père et une bonne mère, distincts du mauvais père et de la mauvaise mère. À long terme, chez ces enfants, un clivage peut s'installer comme un mécanisme prévalent de dissociation de leur personnalité.

### *Les deux niveaux de communication*

L'ambivalence des sentiments peut se manifester par des messages paradoxaux envoyés à nos enfants.

Le cas d'Emma l'illustre bien. Celle-ci a six ans et ses parents disent qu'elle leur rend la vie insupportable. Lors de la première séance, elle avoue avoir été méchante avec eux le matin même en refusant de s'habiller. Lorsque je lui demande pourquoi ce refus, elle explique que c'est parce que sa maman a pris son petit frère de deux ans dans ses bras. Elle continue en disant que, le soir, quand sa mère rentre à la maison, Rémi lui tend les bras ; sa maman lui fait alors des câlins, promettant à Emma que ce sera son tour après. Mais « après » ne vient pas et Emma n'a jamais de câlins. Elle répète très exactement les mots de sa mère, tels qu'elle a dû les entendre des dizaines de fois : « C'est normal, c'est un bébé, il a besoin de moi, mais dans mon cœur, il y a de la place pour tous les deux. » Les actes pourtant contredisent ces belles paroles et s'il y a de la place pour les deux enfants dans le cœur de la maman, il n'y a de place que pour un seul dans ses bras.

Les mots n'ayant pas de valeur puisqu'ils sont traduits en actes, le seul moyen qu'ait trouvé Emma pour exprimer ce qu'elle ressent, c'est de faire des crises de nerfs. En agissant ainsi, elle donne un sens au favoritisme visible de la mère pour son fils : si Emma est mauvaise, il devient normal qu'elle soit moins aimée. Elle confirme ainsi l'idée de sa mère que les garçons, c'est mieux que les filles, idée qui s'enracine pour cette mère dans son enfance maternelle puisque sa propre mère vouait un amour sans limites à son frère. La préférence pour le garçon mais surtout la peine qu'elle inflige inconsciemment à sa fille révèlent une haine pour la petite fille qu'elle-même a été.

Comme l'illustre cette situation clinique, deux niveaux de communication coexistent : le digital et l'analogique, la communication verbale – les mots – et la communication infra-verbale, qui passe par le corps, les gestes, la tonalité de la voix et dont nous n'avons pas toujours conscience. Or, il arrive que ces deux types de communication, au lieu de se compléter, se contredisent. Je te dis que je t'aime, mais je te repousse quand tu veux m'embrasser ou je ne te fais pas de câlin ; je te dis que je t'aime autant que ton frère, mais je ne te prends jamais dans mes bras. Entre ces deux propositions, laquelle croire ? Qu'est-ce qui dit le vrai, les mots ou les gestes ? Pour l'enfant, il devient difficile de le savoir et donc de se situer, comme c'est le cas pour Emma. S'il est évident qu'il peut parfois y avoir décalage entre nos mots et nos gestes (je t'aime, mais je ne te fais pas de câlin maintenant car je suis pressée ou en colère), cela ne porte pas à conséquence. En revanche, quand le décalage est permanent, et devient le mode relationnel prédominant entre le parent et l'enfant, il peut être lourd de conséquences. Le langage devient suspect car il ne dit pas toujours la vérité. Ce sont alors les actes qui prennent le dessus et expriment le malaise, donnant des troubles du comportement.

Donner un sens aux mouvements psychiques des parents qui eux-mêmes ne les reconnaissent pas est un exercice fréquent pour un enfant.

C'est ce que fait Nina, cinq ans. Elle vient me voir avec ses parents et sa petite sœur parce qu'elle bégaie et commence à développer des tics faciaux et corporels. Lors de la première séance destinée à ce que nous fassions connaissance, Nina ne peut se séparer de ses parents. Elle me raconte qu'elle a des cauchemars de sorcière qui la terrorisent. Les parents semblent étonnés car, selon eux, leur fille dort bien. Je propose de la revoir seule la semaine suivante.

Elle accepte notre tête-à-tête sans problème, laissant son père qui l'a accompagnée dans la salle d'attente. Elle dit d'emblée : « Je peux rester ici parce que tu es avec moi et, donc, je n'ai pas peur », sa façon à elle de me faire comprendre qu'elle craignait justement d'être avec moi. Puis Nina se met à dessiner : une princesse et sa maman.

À la séance suivante, celle-ci explique que les bégaiements de Nina ont commencé quelques mois plus tôt, lors d'un voyage au Maroc, chez sa grand-mère. À cette occasion, la petite a fait la connaissance de son arrière-grand-mère, vieille femme de quatre-vingt-six ans, malade et alitée. Depuis, elle ne cesse de poser des questions sur la mort. La maman de Nina raconte que lorsqu'elle-même avait seize mois, elle a eu un accident de voiture alors que sa mère conduisait. Elles ont été toutes les deux blessées, et la fillette n'a pas vu sa maman pendant six mois. De cet accident, elle a aussi gardé des séquelles physiques, une paralysie du bras. Elle dit d'ailleurs qu'elle s'est sentie « très paralysée » à la naissance de son aînée : elle n'a pu commencer à bien s'occuper d'elle qu'à l'arrivée de sa seconde fille. Entendant cette histoire, Nina s'inquiète : « Est-ce que ta maman s'est bien occupée de toi ? »

J'imagine alors que la sorcière qui vient hanter les nuits de Nina représente la mauvaise mère, celle qui ne s'occupe pas d'elle. Le voyage au Maroc, pays des origines maternelles, où étaient présentes les quatre générations de femmes de cette lignée, a sans doute réveillé chez Nina des angoisses concernant le maternage : sa grand-mère qui a « provoqué » l'accident de voiture n'avait pas soigné sa fille. J'apprends qu'il existe dans cette famille une crainte qui se répète de génération en génération, celle de ne pas être une bonne mère. Le bégaiement en serait le signe. Chez sa mère, l'appréhension se réveille au moment même où elle se sent le plus apte à être une bonne mère, à la naissance de son second enfant qui vient briser le cercle de la répétition de la fille unique.

Durant la même séance, Nina trace une croix sur une feuille de papier, s'appliquant à faire quatre cases égales, dans lesquelles elle dessine chaque femme de la famille, où apparaissent l'équilibre des carrés représentés, et donc l'importance du chiffre 4 : c'est lorsque sa sœur est née qu'ils sont devenus quatre à la maison. Alors qu'elle s'apprête à commencer un nouveau dessin, je lui dis que la séance est terminée. Ne pouvant se résoudre à s'arrêter, Nina se met à hurler, au grand étonnement de sa mère qui ne l'a jamais vue se comporter ainsi. Pour la petite fille, je suis devenue provisoirement la méchante mère, celle qui la persécute, l'empêche de faire ce qu'elle veut, et surtout qui la quitte. Si elle a sans doute ressenti sa mère comme potentiellement mauvaise (s'occupant mal d'elle, lui faisant une petite sœur qui certes la sauve mais aussi lui retire ses parents), le travail thérapeutique et sa relation à moi lui permettent de se le représenter. Il est plus facile pour elle de me haïr que de haïr sa mère.

Au rendez-vous suivant, elle dessinera un portrait de moi qu'elle appelle « Caroline caca ». Parce que je la laisse faire sans me sentir attaquée par cette agressivité, elle est rassurée : je pourrai m'occuper d'elle et de son bégaiement qui commence déjà à s'améliorer.

Comme tout symptôme, le bégaiement est surdéterminé, c'est-à-dire qu'il n'a pas de cause unique. Il exprime tout d'abord un conflit interne chez Nina, conflit fondamental entre l'amour et la haine pour cette mère qui elle aussi a été prise dans cette même lutte. Pour Nina, bégayer, c'est à la fois répéter l'histoire transgénérationnelle et essayer de contenir l'agressivité ressentie.

Dans l'ordre de la normalité, comme chez Nina, l'ambivalence est fondatrice : c'est sur elle que l'enfant peut se reposer pour se séparer progressivement de ses parents qui ne sont pas que bons, pour s'attacher à d'autres personnes, avoir d'autres objets d'investissement, et construire de nouvelles relations. Lorsque l'enfant ne peut reconnaître l'ambivalence – c'est le cas des enfants maltraités évoqués plus haut –, il risque de rester prisonnier de ce premier lien à la mère, soit en l'idéalisant, soit en tentant de le réparer en permanence. Mais il aura les plus grandes difficultés à investir d'autres relations qui ne seront jamais à la hauteur de cet idéal. Chez les parents, les sentiments de « haine », souvent source de culpabilité, sont non avoués. Loin d'aider l'enfant, ils freinent son développement. L'enfant naît lui aussi avec une quantité de colère et de haine qui a besoin de trouver un objet... Ce n'est donc pas l'ambivalence qui pose un problème, mais notre incapacité actuelle à la reconnaître parce que nous avons de l'amour une vision totalement idéalisée. L'intérêt de la thérapie de Nina tient à la force transformationnelle de l'ambivalence qui se répète si elle n'est pas reconnue. Le rejet se trouve compensé par une certaine fusion qui signe l'idéalisation d'une relation imparfaite. Cela explique les difficultés de séparation (comme pour Nina en fin de séance).

Pour mieux comprendre la place de cet amour idéalisé, il faut se tourner vers l'émergence de la famille telle qu'elle existe aujourd'hui.

## *La famille nucléaire, forteresse affective*

La naissance de la famille nucléaire, à la fin du XVIII^e siècle, repose sur le développement d'un climat affectif privilégié qu'il faut protéger du monde extérieur, et qui à son tour protège. « Cette précieuse forteresse affective à l'intérieur de laquelle la famille moderne s'est retirée [1] », comme l'écrit l'historien Edward Shorter. Des contours se dessinent, définissant la frontière entre ce qui est au-dedans et ce qui est au-dehors, marquant du même coup l'émergence de l'espace privé [2]. La famille devient un lieu protecteur, un bain de tendresse où pousse la génération future.

Progressivement, le lien affectif entre les membres de la famille devient plus important que la transmission de la propriété et du rang, qui prévalait dans les communautés traditionnelles. Le siècle des Lumières voit disparaître une famille étroitement liée à l'organisation sociale et s'affirmer « le glissement vers l'intimité affective [3] ». Les sentiments, et l'amour en particulier, ont existé de tout temps, mais n'étaient pas vécus dans le cadre familial.

1. Edward Shorter, *La Naissance de la famille moderne*, Le Seuil, 1977, p. 254.
2. Espace privé aujourd'hui menacé par notre besoin d'exposition qui est aussi besoin de validation par l'extérieur. Le succès des *reality shows* illustre bien ce paradoxe qui consiste à exhiber ce qu'il y a de plus intime chez chacun. À ce sujet, voir l'ouvrage de Dominique Mehl, *La Télévision de l'intimité*, Le Seuil, 1996.
3. Edward Shorter, *op. cit.*, p. 14.

C'est l'émergence de ce nouveau « lieu » de l'amour qui est à souligner, véritable repli sur la sphère privée. L'enfant acquiert un statut particulier ; il n'est plus seulement considéré comme un adulte en devenir, mais comme un être à part entière. On note aussi une baisse de la mortalité infantile.

Ce nouveau statut de l'enfant et le rôle central du sentiment sont deux caractéristiques fondamentales de la famille actuelle.

### *Quand l'amour remplace l'autorité*

L'autorité patriarcale était le principe organisateur de la famille traditionnelle. À l'époque de l'Ancien Régime, la collectivité intervenait dans la vie familiale et la régulait, comme en témoigne la pratique du « charivari », manifestation publique où la communauté faisait la loi, en punissant ceux qui n'obéissaient pas au bon fonctionnement des règles sociales structurées autour du patriarcat. Ces journées, qui prenaient l'allure de fête populaire, permettaient aux villageois de resserrer les liens communautaires et de renforcer leurs règles de fonctionnement. La famille s'inscrivait alors dans un groupe plus large, un maillon de la chaîne sociale. Aujourd'hui elle s'est coupée de cette communauté et se régit elle-même, sans intervention extérieure.

L'ère industrielle voit cette famille se fermer vis-à-vis du groupe élargi, se resserrer autour de ses membres principaux, promouvoir le lien interne et le développement de chacun de ceux qui la composent, tout en conservant une hiérarchie entre les hommes et les femmes. C'est le début de l'individualisme : il ne s'agit pas encore de l'accomplissement de chacun, mais de la réussite selon les critères de la bourgeoisie émergente de l'époque.

L'émergence du capitalisme, fondé sur la concurrence et la recherche de l'intérêt personnel, développe l'individualisme, obligeant le sujet à se construire une identité individuelle sans dépendre essentiellement des traditions. Cette naissance de l'égoïsme, si distinct du sentiment communautaire prédominant jusqu'alors, s'exprime à travers un désir de liberté, auquel s'ajoute la quête d'un bonheur personnel qui devient une valeur et un but. C'est d'ailleurs l'époque de la Révolution française et de la Révolution américaine. Cette dernière, fait nouveau, va même jusqu'à inscrire le droit au bonheur dans sa Constitution.

Parce qu'elles accèdent au salariat, les femmes quittent les campagnes pour aller vers les villes de la révolution industrielle. Éloignées de leur cadre habituel, où tout le monde se connaît et se surveille, elles jouissent d'une nouvelle liberté qui se traduit par une évolution des mœurs. Loin du village, elles prennent leur indépendance vis-à-vis des convenances. L'explosion des naissances illégitimes est le témoin de l'impact de ce vent de liberté sur les mœurs.

Si cette libération sexuelle s'observe essentiellement dans les classes ouvrières naissantes, le sentiment maternel, lui, voit le jour au sein des classes moyennes qui doivent promouvoir la transmission des biens de production et donc cimenter le lien familial. Cette évolution s'accompagne d'une amélioration des conditions de vie permettant de consacrer plus de temps à l'enfant qui acquiert de ce fait une place de plus en plus importante. Le développement de la famille nucléaire, en étroite relation avec l'émergence des classes moyennes, apparaît comme le socle de ce milieu social émergent. Le nouvel « esprit domestique », l'importance accordée au foyer, à « l'intérieur », se développe au cours du XIX^e^ siècle, période où l'enfant est reconnu dans sa spécificité ; il devient l'agent de la promotion sociale et les sacrifices des parents sont récompensés par ses progrès.

Parallèlement, la notion de mariage arrangé, qui perdure au XIX^e^ siècle, est remise en question par la quête du bonheur et l'importance désormais accordée à l'amour, qu'illustre si bien l'époque romantique. On assiste à une véritable « révolution sentimentale », qui se traduit, au niveau affectif, par la primauté des sensations et des sentiments. L'amour devient romantico-romanesque, chacun pouvant choisir son partenaire selon son cœur. C'est à cette même période que se développe l'amour maternel, la nouvelle famille se formant autour de la relation mère-enfant.

*La naissance du sentiment maternel*

Aimer ses enfants, décider du nombre de naissances afin de mieux s'occuper de chacun, faire tout ce qui est en notre pouvoir pour leur bonheur... tout cela paraît une évidence aujourd'hui. Pourtant, cela n'a pas toujours été le cas et le bien-être de l'enfant est une préoccupation récente. Auparavant, abandons et morts prématurées constituaient la norme. Chez les paysans, il fallait avant tout survivre, et un adulte était plus précieux qu'un bambin qui ne pouvait payer sa pitance ; dans l'aristocratie, on déléguait l'éducation à d'autres, car l'enfant n'était pas intéressant en tant que tel. Dans tous les cas, les adultes avaient mieux à faire que de nourrir les bébés et c'est pourquoi la mise en nourrice était si prisée. Cette solution qui a commencé à se développer au début du XVII^e^ siècle a duré pendant plus de cent cinquante ans.

Longtemps, on a pensé que l'absence d'attachement des parents à l'enfant était le résultat de la mortalité infantile : les bébés mouraient si jeunes et en si grand nombre que l'on attendait qu'ils aient grandi pour commencer à s'intéresser à eux. Si les mères ne se liaient pas à leur progéniture, c'était pour ne pas souffrir de leur mort probable dans la toute petite enfance. C'est là une vision angélique de la réalité. Des travaux d'historiens[1] ont en effet démontré qu'une bonne partie des décès des plus jeunes était due à des mauvais traitements et au désintérêt dont ils étaient l'objet. On a ainsi confondu la cause et l'effet : ce n'est pas parce qu'il risquait de mourir jeune qu'on ne s'attachait pas à l'enfant ; c'est parce qu'on lui prêtait si peu d'attention qu'il périssait. On l'envoyait ainsi chez certaines nourrices mercenaires aux traitements desquelles il survivait rarement, même si cela ne se justifiait pas d'un simple point de vue économique et qu'on avait les moyens de le garder avec soi. On était tout simplement peu attaché au bébé, le fameux « instinct maternel » n'existait pas encore...

L'allaitement par la mère, qui date de la fin du XVIIIe siècle, marque un tournant. Cette pratique n'est pourtant pas due à l'irruption spontanée du sentiment maternel, mais à des conditions d'hygiène particulières : une épidémie de syphilis rend les nourrices moins disponibles et l'allaitement par la mère est vivement recommandé car il protège le nourrisson contre les maladies. Ce nouveau temps passé avec le bébé, moment privilégié d'échange, développe ce que la mère ressent pour son enfant. Les historiens notent un changement de compor-

1. Voir notamment Edward Shorter, *op. cit.*

tement des nourrices elles-mêmes : elles commencent à s'intéresser aux enfants dont elles s'occupent, quand on n'avait jusqu'alors que des témoignages effrayants sur leur attitude vis-à-vis de leurs petits protégés. « Jadis, on voyait dans la mort de l'enfant un moyen d'exploiter une autre famille. Aujourd'hui, on s'attache à l'enfant en raison même des peines qu'il a coûtées [1]. » Le bambin devient un objet d'attachement, tant pour celles qui le gardent que pour celles qui le mettent au monde et, peu à peu, ces dernières choisissent de le garder auprès d'elles, marquant une évolution du lien.

On comprend ainsi que le sentiment maternel n'est pas un instinct mais une construction progressive, fruit d'une évolution historique étroitement liée aux mœurs et aux conditions de vie. Au fur et à mesure que ce nouveau sentiment se développe, les relations parent-enfant se transforment. « L'affection des parents pour les enfants ne paraît jamais avoir été si vive et s'être manifestée par plus de soins. "On gâte infiniment plus qu'on ne le faisait autrefois" est une phrase que j'ai entendue répéter sur tous les tons », nous rapporte déjà un historien du XIX^e [2]. L'enfant a acquis une nouvelle place dans la famille.

1. Charles Monot, *De la mortalité excessive des enfants pendant la première année de leur existence*, cité par Edward Shorter, *op. cit.*, p. 235.

2. Victor-Eugène Ardoin-Dumazet, *Voyage en France*, Paris, 1893-1899, tome 1, p. 20.

L'exemple du décès d'un enfant illustre bien le chemin parcouru. À propos de paysans du XVIIIe, un historien note : « La mort d'un petit enfant, à condition qu'il ait reçu le baptême [...], est considérée, sur le plan religieux, comme une délivrance, puisque l'enfant a la grâce d'accéder au paradis sans connaître les amertumes de cette vie et risquer son salut ; sur le plan humain, elle est ressentie comme un accident presque banal qu'une naissance ultérieure viendra réparer [1]. » Il est à peine pensable de considérer ainsi la mort d'un enfant aujourd'hui, mais elle était alors un événement faisant partie du cours naturel de la vie. Cette attitude était due en partie aux croyances religieuses très fortes, qui accordaient un prix relatif à notre vie terrestre, mais aussi à la difficulté de contrôler les naissances, les grossesses étant essentiellement non voulues, en tout cas non programmées. La naissance d'un enfant n'était pas un projet et la notion de désir d'enfant n'existait pas.

Grâce aux progrès de la médecine, qui réduisent la mortalité infantile, et aussi grâce au développement économique qui fait des enfants les récepteurs des richesses produites, cette indifférence à la mort du nourrisson a peu à peu cédé.

1. François Lebrun, *Les Hommes et la mort en Anjou aux XVIIe et XVIIIe siècles, essai de démographie et psychologie historiques*, Paris, Mouton, 1971, p. 423, in Edward Shorter, *op. cit.*

La souffrance face à cet événement ne devient réalité qu'au XIXe siècle, marquant l'évolution de l'attachement. Et à présent rien n'est plus douloureux que la perte d'un enfant[1], qui, à la naissance, a toutes les chances de vivre. C'est même l'événement tragique par excellence. La douleur ressentie est à la hauteur de l'amour qu'on lui porte, mais aussi de l'investissement narcissique qu'il représente. En effet, comme le souligne Freud : « L'amour des parents, si touchant et au fond si enfantin, n'est rien d'autre que leur narcissisme qui vient à renaître et qui, malgré sa métamorphose en amour d'objet, manifeste à ne pas s'y tromper son ancienne nature[2]. » Dès sa conception et parfois même bien avant, dans l'imaginaire de ses parents, l'enfant est aimé, investi, considéré. Il est aujourd'hui devenu l'horizon de nos vies, notre œuvre, la seule transcendance à l'époque de « l'homme dieu[3] » ainsi que le décrit Luc Ferry ; c'est lui qui va et doit nous survivre. Jadis, les conditions de vie étaient si dures qu'il fallait parfois choisir entre l'enfant et soi. Le lien parent-enfant a tellement évolué que, de nos jours, l'enfant, c'est soi. Et l'on préférerait

1. En témoignent notamment nombre de livres – *Tout ce que j'aimais*, de Siri Hustvedt, Actes Sud, 2005 – et de films – *De si beaux lendemains*, 1997 ; *Lantana*, 2001 ; *In the Bedroom*, 2002 ; *La Chambre du fils*, 2001 ; *Ordinary People*, 1980, pour ne citer que ceux-là – qui reflètent ce bouleversement qu'engendre le décès de son enfant.

2. Sigmund Freud, « Pour introduire le narcissisme », in *La Vie sexuelle*, PUF, 1914.

3. Luc Ferry, *L'Homme dieu ou le sens de la vie*, Grasset, Paris, 1996.

mourir soi que de le voir mourir. Autrefois, l'instinct de vie l'emportait sur « l'instinct maternel » ; à présent, c'est l'inverse. Et si le sens du sacrifice n'a plus beaucoup cours – peu sont prêts à mourir pour une cause –, il retrouve de la vigueur quand il s'agit de nos enfants.

Ainsi l'amour est-il devenu peu à peu le fondement de la famille. Cela marque un réel progrès sur le plan affectif, mais, prisonniers de notre idéalisation de l'amour, nous oublions combien de violences et de crimes sont commis en son nom.

Faire de l'amour le socle de la relation entre parent-enfant apparaît problématique. Le principe de transmission entre les générations ne peut reposer sur cette seule fondation. On ne peut se contenter d'aimer la génération qui nous suit ; il faut pouvoir se référer à d'autres valeurs. Que faire sinon lorsque, à l'adolescence notamment, l'enfant rejette ses parents ? La relation a besoin de reposer sur des principes plus stables, le sentiment étant trop aléatoire et imprévisible.

Tout miser sur l'amour, c'est faire peser une épée de Damoclès sur les relations parent-enfant. Que se passe-t-il si l'on « démérite » ? si l'on aime trop ? ou mal ? ou moins ? Il semble urgent de reconnaître l'ambivalence de l'amour et d'accepter que l'idéalisation dont il est l'objet est une forme de violence. Entre parents et enfants, le sentiment ne peut décidément pas être le seul lien.

## 2.

# Les enfants, nouveaux objets amoureux

L'idéalisation de l'amour et l'obligation d'aimer transforment la nature même de nos liens. Alors que l'espérance de vie de l'homme et de la femme ne fait que s'allonger, la durée de vie du couple tend à diminuer. Cette inconstance – qui se caractérise par une fidélité au sentiment plutôt qu'au partenaire – change profondément le lien que nous avons à l'enfant, seule relation pérenne désormais. Face aux ruptures, aux déceptions sentimentales, notre besoin d'aimer se tourne vers un nouvel élu : l'enfant et non plus le mari, la femme, l'amant ou la maîtresse qui sont, eux, susceptibles de devenir objets de désamour. Mais de ce fait, la nature de ce qui nous unit à l'enfant se métamorphose, et devient de plus en plus passionné et passionnel. Quand, dans le même temps, il se trouve au centre de la vie familiale, on comprendra que l'enfant est aujourd'hui dans une position tout à fait particulière.

*Du marmot à l'enfant roi*

La place que nous accordons à l'enfant et le regard que nous posons sur lui ont continuellement évolué au cours des différentes époques de l'histoire.

Si, dès le XIIIe siècle, les représentations de l'enfant, mélange de grâce et de pittoresque, deviennent plus fréquentes [1], cela ne signifie pas pour autant qu'il occupe une place de choix. Jusqu'au XIXe siècle, la notion d'âge est plutôt en correspondance avec les cycles de la nature. Les âges suivent en quelque sorte le rythme naturel du temps et des saisons.

Si les Latins distinguaient sept âges différents, dès le Moyen Âge on n'en compte que trois : l'enfance, l'âge adulte et la vieillesse. Derrière cette classification un peu grossière, dans laquelle plusieurs époques de vie se mélangent sans aucune distinction, apparaît déjà une sorte d'âge d'or : celui de l'« homme jeune », où il est en pleine possession de ses moyens, physiques et intellectuels. Ce moment privilégié se dégage entre deux périodes sombres : l'enfance et la vieillesse. Le petit et, plus encore, le nourrisson restaient dans une espèce

1. Luc Ferry, *op. cit.*, p. 53.

d'anonymat, êtres en devenir et de ce fait peu dignes d'intérêt ; l'enfance n'est qu'un passage obligé – et c'était une chance d'en sortir vivant – que l'on quitte le plus rapidement possible pour devenir adulte, dans une indifférence quant à une distinction plus précise.

Le terme même de bébé, emprunté à l'anglais *baby*, ne date que du XIXe siècle et se réfère alors à l'enfant en âge d'aller à l'école. Aujourd'hui, le bébé désigne le nourrisson dans sa première année, témoignant de l'intérêt toujours croissant pour les tout-petits. Auparavant, on parlait de « pitchoun », de « marmouset » – qui deviendra « marmot » –, mots pour nommer tous les enfants, quel que soit leur âge, jusqu'à ce qu'ils deviennent des adultes.

Ce n'est qu'au début du XXe siècle que commence à apparaître la notion d'adolescence. On parle alors de « jeunesse », période qui se démarque comme « recelant des valeurs nouvelles, susceptibles de vivifier une société vieillie et sclérosée [1] ». Après la Première Guerre mondiale, la distinction entre l'enfant et le « jeune » se généralise, séparant ceux qui sont allés au combat et ceux qui n'avaient pas l'âge de la conscription. De cette différenciation naît la notion d'adolescence, âge d'or entre l'enfance et l'âge adulte : si le corps a connu les transfor-

1. Philippe Ariès, *L'Enfant et la vie familiale sous l'Ancien Régime*, Le Seuil, 1973, p. 49.

mations de la puberté, socialement l'adolescent n'a pas encore accès au monde du travail. Le développement de l'école obligatoire, lieu spécifique pour les jeunes hors de la formation et du compagnonnage, joue également un rôle important dans la définition de cette époque de la vie, qui apparaît comme une période d'apprentissage.

Philippe Ariès insiste ainsi sur l'importance de cette notion et décrit parfaitement la lente évolution de l'éducation qui reflète la place accordée à l'enfant dans la société : « La transmission des valeurs et des savoirs et plus généralement la socialisation de l'enfant n'étaient donc pas assurées par la famille, ni contrôlées par elle. L'enfant s'éloignait vite de ses parents et l'on peut dire que, pendant des siècles, l'éducation a été assurée par l'apprentissage, grâce à la coexistence de l'enfant ou du jeune homme et des adultes [1]. » Vers la fin du XVII^e^ siècle, l'école commence à se substituer à ce mode d'instruction. Philippe Ariès décrit la scolarisation comme « un processus d'enfermement [2] », comparable à celui réservé aux fous et aux prostituées. L'école apparaissait comme une invention un peu paradoxale parce qu'elle sépare les enfants des adultes tandis qu'auparavant l'enfant se trouvait « parmi » eux, mais sans qu'on lui accorde une attention particulière. C'est à partir du XIX^e^ siècle, alors

1. *Ibid.*, p. 6.
2. *Ibid.*, p. 8.

qu'on commence à le reconnaître en tant que personne à part entière, qu'on l'isole, qu'on l'éloigne du monde de ses aînés. Aujourd'hui, il évolue avec ses pairs, d'où l'importance prise par la notion de génération, avec les liens qu'elle suppose au sein d'une même classe d'âge. Cependant l'entrée dans la vie adulte devient plus difficile : en situation d'apprentissage, l'enfant était témoin du monde des adultes et de leurs façons de faire ; aujourd'hui confié à des spécialistes, il devient lui-même objet d'étude, placé dans une position centrale où il a finalement peu d'occasions d'observer ses aînés se conduire en tant que tels.

L'avènement de la psychologie et de la psychanalyse contribue à donner un nouveau statut à l'enfant. Désormais, on cherche à comprendre cette période de la vie et on commence à lui trouver un sens. La notion de « stades de développement » change radicalement le regard posé sur l'enfant. Elle montre en effet que les évolutions psychique, psychomotrice, langagière suivent un déroulement précis : certaines acquisitions doivent se faire à des moments précis et ne peuvent pas être intégrées dans le désordre. À partir de là, l'intérêt porté à la petite enfance va croissant, d'autant que la psychanalyse souligne l'importance des expériences précoces dans la construction du sujet, la personnalité future de celui-ci étant influencée par les événements qui surviennent dans son passé. Une lecture erronée des théories psychanalytiques a conduit – et conduit encore – à rendre les relations parent-enfant responsables de tous les maux de nos chers petits. Rappelons néanmoins que la psychanalyse, qui vise à libérer le sujet de ses contraintes internes, ne le met pas pour autant en situation d'irresponsabilité.

Parallèlement, l'idée d'intériorité, ce que l'on appelle aussi « le territoire de l'intime », change la notion même d'individu. Celui-ci n'est plus défini par ses seuls liens avec sa famille, un métier ou un corpus social, mais aussi par son développement psychique, ses affects et ses sentiments. Le domaine du ressenti a pris une importance grandissante, au point de devenir identitaire : on croit aujourd'hui qu'il suffit à définir un individu, en dehors de toute autre considération.

### *L'enfance, entre perversité et innocence*

Dans les temps anciens, l'intérêt que l'on porte à l'enfant se centre sur la question de l'innocence ou de la corruption originaire de l'être humain. Pour saint Augustin, l'enfant est un être impur et « la rédemption passe par la lutte contre l'enfance [1] ». Il est le premier, bien avant Freud, à récuser l'idée d'un enfant innocent, même s'il n'en parle pas en termes de « pervers polymorphe ».

1. Saint Augustin, *Les Confessions*, livre I, paragraphe 7.11, Le Seuil, 1982, p. 35-36.

Pour lui, il n'est pas question de sexualité infantile, mais de péché originel : « Non, Seigneur, il n'y a pas d'innocence enfantine. » Cette conception de l'enfant impur a pour conséquence une éducation répressive, dont le but est de le purger de ses désirs. Sans doute faut-il rappeler ici que le verbe « éduquer » vient du latin *educare*, « redresser ce qui est tordu et mal formé ». Toute complaisance envers les (mauvais) penchants des enfants est ainsi jugée condamnable et dangereuse et l'on considère – déjà ! – que c'est le plus souvent la mère qui est coupable de cette complaisance-là.

Descartes, se plaçant du point de vue de la dualité corps-esprit, met l'enfant du côté du corps, qui par définition est corrompu. Il est vrai qu'à cette époque, le corps est souvent douloureux. « Il faut donc se délivrer de l'enfance comme on se délivre du mal », nous dit le philosophe dualiste qui se méfie de l'enfance comme de la sensation. Pour devenir un homme digne de ce nom, il n'est d'autre moyen que de se débarrasser de son enfance, de s'en purger pour en effacer toute trace. L'enfant, alors considéré comme un jouet ou une petite machine, n'a que peu de valeur parce qu'il n'est pas irremplaçable (s'il meurt, on peut en faire d'autres), ne représente ni une richesse (au contraire, il coûte de l'argent), ni une personnalité particulière (puisque son individualité n'est pas reconnue). On le voit, c'est là une conception radicalement opposée à celle de notre époque où l'enfant est bien devenu unique.

Il faudra attendre Jean-Jacques Rousseau pour que l'enfance soit réhabilitée ; bon par essence, le petit d'homme est corrompu par la culture et l'éducation. Cette conception a eu des effets durables, et on peut en voir le triomphe dans le véritable culte de l'enfance auquel on assiste actuellement. L'idée d'une enfance toujours bafouée par l'éducation a pris une nouvelle tournure, et les études scientifiques récentes mettant en évidence les compétences du bébé sont souvent interprétées dans ce sens. Après des siècles où il avait été considéré comme un tube digestif ou un petit animal, le bébé est apparu doué de certaines capacités : il entend, il distingue les formes, il perçoit les odeurs... On est ainsi passé d'un extrême à l'autre, faisant du bébé un être exceptionnel, doué de compétences exceptionnelles. Mais le fait de voir, d'entendre, de sentir n'a pas de valeur intrinsèque, c'est un attribut, quelque chose qui est de l'ordre de la nature. Nul ne songerait à faire l'apologie de l'adulte parce qu'il voit et entend !

La mythologie de l'enfance a ainsi pris une forme particulière : on a peur de gâcher le fabuleux potentiel de nos enfants, de brider leur créativité sans bornes, de freiner leurs possibilités en les punissant ou de les frustrer en leur imposant certaines limites.

Jadis, avant Rousseau, l'on considérait que l'on ne pouvait pas naître bon ; aujourd'hui, on ne peut pas naître mauvais. N'y a-t-il pas là les deux faces d'une même idéologie ? L'innocence et les compétences qu'on lui prête font que ces angelots sont bons, forcément bons, voire géniaux et qu'avec eux, tout est potentiellement possible. Le mauvais – ou le mal dans une conception plus judéo-chrétienne – n'existe pas à la naissance, et n'apparaît que si un événement quelconque se produit. Un adulte corrompu trouverait sa source dans une expérience malheureuse du passé.

Parce qu'il est de l'ordre du potentiel, l'enfant peut tout. Nous avons de lui une vision toute-puissante, mais cela trouve son origine dans le déplacement de la toute-puissance que n'osent revendiquer les adultes, sans toutefois y avoir renoncé. C'est en effet grâce à l'enfant que chacun va pouvoir repousser les limites de sa réalité. Mais à quel prix pour celui-ci ?

### *L'enfant au centre de la vie familiale*

Ce regard admiratif sur l'enfant, reflet de notre conception de l'individu contemporain, lui confère un nouveau statut. Progressivement on a placé le bambin au centre de la vie familiale quand, auparavant, il n'en était qu'une part anodine. Jadis, en effet, le couple parental représentait l'axe fort et l'enfant se soumettait à son rythme. De satellite il est devenu soleil, roi soleil, enfant roi d'un royaume qu'il dirige et qu'il tyrannise parfois. Mais ce royaume s'avère minuscule puisqu'il est circonscrit à sa famille. Lorsqu'il sort de ce cercle, de roi soleil, il se retrouve tout nu, tel l'empereur dans le conte d'Andersen flatté par ses courtisans, qui finit par se rendre compte que les habits qu'il croyait si beaux n'existent même pas. Confronté au monde extérieur lorsque l'enfant est obligé de réajuster sa valeur à la réalité, l'effondrement narcissique menace.

Cette place centrale accordée à l'enfant se retrouve dans bien des domaines : dans la pédagogie par exemple, qui doit désormais s'adapter à l'élève, lui donnant ainsi l'illusion qu'il est le fondateur de ce qu'il vit, au lieu de l'inscrire dans une histoire, celle de sa famille en tout premier lieu, mais aussi celle de son temps, de son pays. Permettre à l'enfant d'être décisionnaire, c'est le placer dans une position d'adulte qu'il n'est pas en mesure de tenir et qui, bien souvent, le met en difficulté, car c'est lui demander de faire des choix, de prendre des décisions qui ne lui appartiennent pas. Nous assistons à un double mouvement : tandis que l'adulte s'infantilise, l'enfant devient adultomorphe.

Le lien de filiation se caractérise par son indéfectibilité. Quelles que soient les variations du sentiment, c'est le seul qui ne puisse jamais se défaire : même en colère, en conflit, on sera toujours le parent de son enfant et l'enfant de son parent. Si c'est bien la fragilité du lien conjugal qui est à l'origine de l'importance de la relation parent-enfant, ce dernier contribue à présent à fragiliser davantage le lien conjugal. Les seules relations qui durent « toute la vie » sont celles entre les générations, ce qui change forcément leur nature. Ainsi voit-on apparaître de véritables couples mère-fils, père-fille ou encore mère-fille, père-fils.

Il est vrai que nous connaissons aujourd'hui une évolution très nette des structures familiales : divorces, familles recomposées, familles monoparentales et homoparentales, les couples homosexuels demandant également le droit au mariage et à l'adoption. Loin d'annoncer la disparition de la famille, cette évolution ne fait que renforcer celle-ci. Les divorces dont le nombre va croissant n'expriment pas un rejet mais, au contraire, une idéalisation de la famille. Cette idéalisation, difficile à atteindre et à réaliser, nous pousse à la rechercher sans cesse, dans un recommencement perpétuel. Il y a une espèce de compulsion de répétition à vouloir toujours (re)fonder une famille. Dans cette succession de décompositions et de recompositions familiales, il fallait bien trouver un élément qui dessine une continuité à nos vies, un principe fondateur à cette famille devenue mouvante à force d'être fétichisée. « Quelle que soit la situation juridique du couple, c'est la naissance de l'enfant qui crée socialement la famille[1] », note à ce propos Daniel Marcelli.

Nous nous inscrivons donc en faux par rapport à tous ceux qui annoncent la mort de la famille. Au contraire, elle se porte bien, mais elle a changé de visage. Aujourd'hui, le chef de famille, c'est bien l'enfant. À charge pour lui de se montrer à la hauteur de ce rôle qu'il ne peut pourtant pas tenir.

Ainsi demande-t-on à nos petits leur avis sur tout ce qui concerne cette microsociété dont ils sont l'élément fondateur : on recherche leur bénédiction avant de s'engager dans une nouvelle union ou, parfois, on se sépare « pour leur bien ». Il n'est pas rare que, lorsqu'un parent divorcé tombe à nouveau amoureux, il consulte son bambin – a-t-il l'autorisation de refaire sa vie ? –, l'aval du petit semblant indispensable. Si ce sont bien les parents qui prennent la décision de divorcer, en revanche, on demande de plus en plus à l'enfant avec qui il veut vivre, lui proposant un choix qu'il n'est pas capable de faire. Une patiente me racontait ainsi qu'elle avait quitté son mari pour mettre fin à une situation qui était dommageable pour ses enfants : il n'était pas bon pour eux d'être témoins de cette union sans passion !

1. Daniel Marcelli, *L'Enfant, chef de la famille*, Albin Michel, 2003, p. 42.

Vincent a seize ans. Ses parents ont divorcé et il a d'abord vécu avec sa mère. Voilà maintenant deux ans qu'avec son frère, ils se sont installés chez son père et sa nouvelle compagne qui a elle aussi deux enfants d'une précédente union.

À la maison, l'ambiance est tendue, Vincent supportant mal la rigidité de sa belle-mère et les règles de savoir-vivre qu'elle impose. C'est pourquoi il a décidé de repartir chez sa mère, ce que ses parents ont l'un et l'autre accepté sans broncher. Vincent pratique ainsi une sorte de « tourisme familial » : dès qu'il a eu un problème avec sa mère, il a décidé d'aller chez son père et, maintenant qu'il en a assez de vivre avec celui-ci, il va repartir chez sa mère. À chaque fois, ses parents obtempèrent, le laissant choisir, sans que jamais l'un ou l'autre fasse autorité. Paradoxalement, on impose à Vincent de rester à table tant que son père et sa belle-mère y sont encore, mais nul ne le force à demeurer dans la famille !

À l'évidence, cet adolescent n'a qu'une envie : que son père lui impose de rester malgré tout. C'est d'ailleurs ce qu'il exprime : il a le sentiment que son père ne l'aime pas. Il souffre parce qu'il n'a aucun ancrage, parce qu'on le laisse seul face à ses désirs, libre d'écouter ce qu'il ressent à un moment donné, parce qu'on lui ôte ainsi toute possibilité de vivre un vrai conflit constructif dans lequel l'adulte tiendrait sa place. Ni son père ni sa mère ne le retenant jamais, il est en droit d'avoir des doutes sur l'amour que ceux-ci lui portent... Le seul moyen qu'il ait trouvé pour exprimer son mal-être est de refuser les règles de politesse, provoquant une ambiance détestable. Son père accepte du coup avec soulagement son départ, lui confirmant son sentiment de ne pas avoir sa place dans sa maison et dans sa vie.

En laissant les enfants livrés à leurs seuls désirs, on les maintient dans un principe de plaisir auquel on n'oppose jamais le moindre principe de réalité. Dans le cas de Vincent, ce principe de réalité serait de dire qu'on ne quitte pas une famille sous prétexte que tout n'y est pas exactement conforme à ce qu'on souhaiterait. Si les parents de cet adolescent n'étaient pas divorcés, auraient-ils accepté que leur fils s'en aille au moindre heurt ?

Peut-on vivre selon son seul désir ? Non, car le désir étant infini, intarissable, il devient source d'angoisse, plaçant celui qui l'éprouve en situation permanente de potentielle frustration.

Aujourd'hui, parce que l'on considère que l'enfant est une personne à part entière, on oublie qu'il est en pleine construction. C'est pourquoi on ne se sent plus tenu de lui fournir les outils pour l'aider à grandir. Le rôle des parents est pourtant de servir d'étayage et d'échafaudage sans lesquels l'édifice ne pourra tenir debout. L'enfant ne peut inventer sa vie tout seul ; il a besoin de se mesurer à quelque chose de solide.

Deborah a treize ans quand elle vient me consulter avec sa mère Solange. Mère et fille vivent ensemble depuis le divorce. De son côté, le père, anglais, est retourné à Londres, mais les deux parents s'entendent bien et Deborah passe toutes les vacances chez lui. C'est au moment où sa mère rompt avec l'ami qu'elle avait depuis deux ans que Deborah commence à lui reprocher le divorce. Elle apparaît comme une adolescente typique, oscillant entre provocation et tendresse, demandant à sa mère de lui accorder plus de liberté mais lui reprochant dans le même temps de ne pas assez s'occuper d'elle.

Depuis son divorce, la mère a fait de sa fille son unique préoccupation. Elle en parle avec une grande tendresse mais a beaucoup de mal à accepter son opposition. Elle arrive à une séance, visiblement catastrophée, Deborah lui ayant annoncé qu'elle refusait de faire sa bat-mitsva[1]. Ce n'est pas qu'elle soit très religieuse, mais elle attendait cet événement avec impatience, d'autant qu'il revêtait une signification symbolique importante pour elle, puisque toute la famille du père de Deborah devait se déplacer. Elle n'ose même pas annoncer la

1. « Bar-mitsva » pour les garçons. Rite de la religion juive qui, pour les adolescents, marque l'entrée dans la vie adulte.

nouvelle à sa propre mère. Pourtant, elle accepte, à contrecœur, le choix de sa fille et ne cherche pas à la convaincre, respectant soi-disant le besoin de l'adolescente de trouver sa propre identité.

Trois mois plus tard, nouveau rendez-vous. Après une période d'accalmie pendant les vacances, les relations mère-fille sont de nouveau très tendues, les conflits se cristallisant à présent sur les nouvelles habitudes alimentaires de Deborah qui a décidé de manger casher. Comme je m'étonne de ce changement, Deborah reparle des événements du printemps et reproche à sa mère de ne pas l'avoir obligée à faire sa bat-mitsva. Elle lui en veut de l'avoir privée de cette cérémonie si importante. Elle s'est sentie trahie et abandonnée et regrette d'être passée à côté de ce moment solennel. Comme pour rattraper ce qu'elle a manqué, Deborah a décidé de faire comme ses copines et de manger casher.

Ici, la mère est dans une telle culpabilité d'avoir quitté le père de sa fille qu'elle a toutes les peines du monde à reprendre sa place de parent et à imposer ses valeurs et les règles qui s'ensuivent. Parce qu'elle est une institution qui les dépasse, la religion autour de laquelle se nouent tous les conflits fait figure de tiers au sein de ce couple mère-fille.

Le désir est chose fluctuante et fragile, et ne peut suffire pour prendre des décisions car il est dépendant de l'humeur, de l'état d'esprit, d'une situation, d'un affect.

Deborah a besoin d'un « ordre » qui l'inscrive dans un autre registre que la seule inclination du moment. C'est d'ailleurs le rôle de l'institution – en l'occurrence la religion – que de permettre de dépasser la qualité éphémère des sentiments et des envies. Lorsque la mère se montre compréhensive et refuse de faire ce qu'elle pense être de l'autoritarisme en imposant son point de vue, elle laisse sa fille se dépêtrer face à un désir qu'elle n'est pas en mesure de gérer ni d'assumer. Ne sachant qu'en faire, Deborah l'exprime surtout par l'opposition.

*La nécessaire autorité*

Ne jamais rien imposer à nos enfants sous prétexte de ne pas les contrarier n'est pas un service à leur rendre. Et les limites que nous refusons ainsi de poser, ils les recherchent par toutes sortes de comportements qui peuvent apparaître comme autant de provocations pour réclamer ce dont ils ont besoin et dont on les prive. Ils affirment ne plus en vouloir, les rejettent, mais c'est encore une façon de montrer qu'ils les réclament. Si les parents ne posent pas de règles, l'adolescent n'a pas de repères et risque de rechercher des sensations fortes, de se mettre en danger, comme pour trouver les limites qu'on ne lui donne pas par ailleurs et peut-être, enfin, une réaction d'autorité devant ces conduites toujours plus risquées. Face à un adolescent qui va un peu loin et adopte des comportements provocants, voire dangereux pour lui-même, ne rien dire, jouer la carte de la compréhension peut être d'une violence inouïe. Jusqu'où devra-t-il aller pour que ses parents réagissent enfin et énoncent un interdit qu'il attend ? Que devra-t-il faire pour qu'ils le regardent enfin ? Loin d'être pris pour une preuve d'amour, le silence, l'empathie sans faille, la complicité affichée peuvent passer pour de l'indifférence et une marque de désintérêt.

Être obligé de réclamer des règles au moment même où l'on veut s'en défaire est la situation paradoxale dont les adolescents ont du mal à sortir.

« L'amour sans discipline n'est pas suffisant pour assurer la continuité entre les générations dont dépend toute culture[1] », nous dit Christopher Lasch.

Pourtant, le nouveau rapport entre parents et enfants, qui repose essentiellement sur ce sentiment, s'accompagne d'une difficulté à faire preuve d'autorité, à poser des limites, à dire « non ». La sévérité, qui était jusqu'à peu le signe d'une éducation tenue et juste, n'est plus à la mode. Pour beaucoup, « sévère » rime à présent avec « réactionnaire ». Les parents semblent attendre que les enfants acceptent et intègrent eux-mêmes les règles éducatives, les dispensant ainsi de recourir à cette auto-

1. Christopher Lasch, *La Culture du narcissisme*, Climats, 2000, p. 216.

rité que, pour l'avoir dénoncée et rejetée en leur temps, ils ne veulent plus manier. La seule règle qui vaille à présent est d'aimer – « tu dois m'aimer puisque je t'aime » –, comme si elle se suffisait à elle-même.

L'enfant est en effet soumis à des exigences pulsionnelles qu'il n'arrive pas à réguler seul. Il a besoin de l'adulte pour l'aider à les canaliser car si l'exigence est interne, elle a besoin d'un gendarme « extérieur » pour la policer, gendarme qui s'intériorisera progressivement au fur et à mesure que l'enfant grandira. Sans limites clairement posées, il ne rencontre jamais de frein à ses exigences toujours plus grandes qui finissent par mettre les parents en colère. Soudain hors d'eux, ils haussent le ton, menacent d'une punition qui jamais ne vient et, de surcroît, ils en veulent à leur enfant qui les oblige à hurler. D'où l'ambiance souvent détestable qui règne dans certaines familles où l'on ne fait que crier. Punir peut parfois soulager tout le monde.

J'entends souvent les parents se plaindre que leur enfant est difficile et ne supporte pas qu'on lui dise non. Ils vont parfois jusqu'à le dire tyrannique, alors que tout leur discours et leur attitude montrent qu'ils en font le soleil dont ils ne sont que les planètes, lui donnant l'impression qu'il n'a aucun compte à rendre. Pourquoi un enfant se plierait-il à ce qu'on lui demande, alors que s'il ne le fait pas, cela ne change rien, son refus d'obéir n'étant jamais suivi de sanction ? Au pire, cela engendre des cris qui sont davantage une marque d'impuissance des parents à se faire entendre qu'une démonstration d'autorité.

Bien des parents n'arrivent pas à poser les limites nécessaires. Mais ils n'en ont pas conscience et s'ils consultent, c'est souvent l'enfant qui est mis en cause. Ils trouvent son caractère « problématique », sans réaliser le lien de cause à effet entre une éducation trop permissive et l'attitude de leur enfant qui, faute de trouver un cadre, le réclame à sa façon en adoptant des comportements « difficiles ».

À l'origine de cette absence de limites dont on parle tant, il y a un processus de séparation qui s'est mal mis en place. C'est parce qu'on se situe sans cesse du côté et à la place de son enfant qu'on a tant de difficultés à fixer des interdits. Mais on oublie – plus exactement on ne se rend pas compte – que dans ce cas, chez le parent, le surmoi violent viendra prendre la place de l'interdiction non formulée et il se vengera sur l'enfant de ce qu'il n'a pas su lui interdire. Celui-ci intériorisera ce surmoi intransigeant et pourra aller jusqu'à se faire du mal.

L'une des fonctions essentielles de la règle est de protéger contre les débordements de l'amour. Si elle n'est pas respectée, la punition doit intervenir pour calmer le jeu en limitant non seulement l'enfant, mais aussi la colère et la frustration des parents.

Le terme de limite ne désigne pas seulement la règle mais aussi la bonne distance entre soi et l'autre, une sorte de frontière. Lorsque la limite a du mal à être établie, cela révèle généralement un processus de séparation entre le parent et l'enfant qui ne se fait pas, ou mal, ce qui crée des liens de dépendance, parfois inextricables.

La compréhension dont on fait preuve envers les enfants, la tolérance à tous leurs caprices, la complicité désirée et affichée sont sans doute considérées comme des preuves de l'amour qu'on leur porte. Est-ce si sûr ? Ne servent-elles pas plutôt à masquer l'égocentrisme parental ? Ils sont reconnus en tant qu'enfants, mais il se pourrait bien qu'on ne les reconnaisse pas comme individus. Voilà sans doute pourquoi le fameux « enfant roi » dont on parle tant exprime deux attitudes qui ne sont pas aussi paradoxales qu'on pourrait le croire : d'un côté, la toute-puissance, due à l'absence de limites, de l'autre, une demande d'attention réelle plutôt qu'une valorisation narcissique sur le mode « tu es beau, mon fils », qui ne le reconnaît pas forcément pour ce qu'il est.

*L'importance de la punition*

Alice a six ans. Sa mère vient me consulter sur les conseils de la maîtresse parce que cette jolie petite fille a un souci en classe : elle ne sait pas dire non à ses camarades et a du mal à s'affirmer dans le groupe alors qu'elle a par ailleurs une forte personnalité.

La maman m'explique qu'Alice est fille unique et qu'elle éprouve de grandes difficultés à lui interdire quoi que ce soit. D'ailleurs, ajoute-t-elle, elle n'a pas besoin de le faire car Alice est relativement sage. Pourquoi devrait-elle donc interdire puisque ce n'est pas nécessaire ? Cette mère aspire à une relation « parfaite » avec sa fille et a peur, en posant des règles, que celle-ci la trouve méchante.

Je suis frappée par le tabou de l'interdiction qu'exprime cette femme. Elle réalise peu à peu qu'elle aussi a du mal à dire non, tout comme sa fille qui ne parvient pas à différencier le refus et la méchanceté. Alice raconte d'ailleurs que, lorsque son ami Antoine lui demande des feutres et qu'elle refuse de les lui prêter, il lui dit qu'elle est « méchante », alors elle les lui donne.

On comprend mieux ici l'importance de « l'identification » : pour pouvoir dire non, il faut avoir vu sa mère, ses parents le faire ; c'est la valeur de l'exemple. L'imitation est la première phase de ce qui, progressivement, s'intériorisera dans un deuxième temps. Souvent la difficulté à poser des interdits donne des enfants « débordants » qui n'ont pas de limites, les refusent, sont dans le registre de la toute-puissance, prêts à tout pour obtenir ce qu'ils désirent. On les qualifie volontiers de « petits terroristes ». Au contraire, Alice, elle, est en retrait, reproduisant la difficulté maternelle à s'imposer. Dans ce cas, le non est entendu comme « méchant, pas bien », quand dire oui serait « gentil ». Pour certains enfants, comme Alice, cela entraîne une difficulté à s'affirmer, créant des personnalités un peu flottantes, sans ancrage, et qui sont toujours dans une dépendance par rapport aux autres sans lesquels ils ne parviennent pas à se situer.

Quelques semaines plus tard, la maman me raconte que, malgré la règle clairement établie, Alice lui a dit un gros mot. Lorsqu'elle a menacé la fillette d'une punition, celle-ci, entre provocation et appel, a demandé : « Maintenant ou la prochaine fois ? — Maintenant », a répondu la mère, pressentant l'importance de répondre à la question qui en réalité était une demande masquée de punition. Mais, à peine avait-elle dit cela qu'elle s'est sentie très désemparée : quelle sanction imposer ? Après un court moment de réflexion, elle proposa à Alice d'écrire dix fois : « Je ne dois pas dire de gros mots à maman », se rappelant ce qu'elle-même avait dû faire dans son enfance. La petite a protesté : « C'est une punition de ton époque ! En plus, si je fais ça, j'aurai moins le temps de jouer. — C'est bien pour cela que c'est une punition », a alors rétorqué la mère, pleine de bon sens.

Cette scène a été essentielle, inscrivant mère et fille dans un tissu générationnel : la mère s'est souvenue de sa propre enfance et a accepté son rôle de mère, la fille a retrouvé sa place d'enfant qui a enfreint la règle édictée par l'adulte et s'est retrouvée punie. Chacune s'est par ailleurs rendu compte que la sanction répondait à une transgression bien précise, mais qu'elle n'endommageait pas la relation qu'elles avaient ensemble. Ce n'était pas une méchante maman qui châtiait sa méchante fille, mais une maman responsable qui posait une limite à une attitude normalement transgressive de sa fille.

Souvent, en consultation, je reçois des parents désemparés qui, comme la mère d'Alice, ne savent pas comment punir un enfant, qui parfois ne l'ont jamais fait ! La punition est pourtant nécessaire et structurante car elle donne corps à la règle. Il ne faut pas s'y tromper : la relation parent-enfant n'est pas une relation d'égal à égal, mais une relation hiérarchique. Le savoir et la connaissance se trouvent du côté des parents qui doivent les transmettre. Toute règle qu'ils formulent est, à un moment ou à un autre, remise en question par l'enfant. « Pourquoi je dois me laver les dents ? » « Pourquoi il faut manger des légumes ? » « Je ne me laverai pas les mains avant d'aller à table, ça ne sert à rien. » Parce que les parents n'assument pas d'imposer une règle sans l'expliciter, la discussion prend le dessus, pour aboutir à un dialogue de sourds où chacun défend son territoire. C'est le contraire de l'autorité. Le rôle du parent est de mettre fin à la discussion et d'imposer ce qu'il croit juste. À un moment, il doit pouvoir s'affirmer comme celui qui sait, dans une position hiérarchique d'autorité. Le parent apparaît ainsi comme un pilier de stabilité pour l'enfant qui a besoin de ces repères. Même s'il pose les bonnes questions, on n'est pas obligé de justifier ses réponses, car on lui donne alors l'impression qu'on s'interroge en même temps que lui. Or, il est compliqué de se construire face à quelqu'un qui doute, hésite et, de ce fait, n'apparaît pas fiable.

La règle que l'on décide et édicte doit être constante. Cette constance est bien ce qui semble le plus difficile dans un monde où l'on préfère penser que tout est relatif et donc que rien n'est grave. Finalement, ce n'est pas grave de ne pas dire bonjour, pas grave de ne pas se laver les dents, pas grave non plus de ne pas manger de légumes... Et parce que ce n'est pas grave, cela ne mérite pas que l'on entre en conflit avec ses enfants. On se dispense d'endosser le rôle du « méchant » parent qui interdit. Pourtant, l'éducation, c'est aussi une bonne part d'affrontements nécessaires. Considérer que la relation idéalisée à laquelle on aspire, sans nuages et sans aspérités, est plus importante que la confrontation est une forme de violence car elle laisse l'enfant face à ses propres exigences pulsionnelles.

Ce surmoi archaïque, qui fustige les pulsions que peut avoir l'enfant, est une instance punitive qui existe à la naissance, bien avant la construction de l'autre surmoi, constitué en grande partie par les interdits parentaux. S'il se surprend par exemple à détester sa mère qui lui refuse des gâteaux, le surmoi viendra lui signifier que cette haine est « mauvaise », alors même qu'elle fait partie de la vie. Les fantasmes destructeurs que l'enfant pourra éprouver risquent de se retourner contre lui dans un mouvement autopunitif. Contrairement à ce surmoi archaïque, peu constructif en fin de compte, l'autre surmoi est plus structurant parce qu'il représente les règles et les interdits socialement acceptés. Il n'est pas là uniquement pour punir, mais pour organiser la question du renoncement.

L'un des principaux aspects du travail avec les enfants en psychanalyse consiste justement à mettre au jour leurs fantasmes agressifs et à les conduire à comprendre que ces derniers ne sont pas destructeurs. C'est de cette manière que les enfants peuvent prendre conscience de la différence entre réalité externe et réalité psychique. On le leur dit d'ailleurs le plus souvent à la naissance d'un petit frère ou d'une petite sœur en leur expliquant qu'ils peuvent tout à fait avoir envie de lui faire du mal (ce qui ne signifie pas qu'ils sont mauvais), mais que le penser et le faire sont deux choses très différentes.

*Le châtiment corporel*

Il va de soi que nous ne sommes pas là pour réhabiliter claques et fessées, et encore moins pour les présenter comme une méthode éducative. Néanmoins, on peut se poser des questions sur l'opprobre qu'encourent ceux qui oseraient avoir la main leste. La fierté exprimée par les parents qui jurent n'avoir jamais levé la main sur leur enfant n'est pas sans rappeler celle des alcooliques repentis qui ne boivent plus la moindre goutte d'alcool. Si ces derniers ont peur – et sans doute à juste titre – de la violence qui peut s'exprimer dans un tel acte et des excès qui ne manqueraient pas de se produire s'ils se laissent aller à leur coupable passion, que peuvent donc redouter les parents qui donneraient une claque à leur enfant ? Sans doute craignent-ils eux aussi d'être débordés par la violence qu'ils ressentent vis-à-vis de leurs petits et qu'ils tentent par tous les moyens de nier.

En 2004, la Grande-Bretagne a voté une loi sur « la fessée raisonnable » qui apparaît comme une tentative de trouver un compromis et de reconnaître la complexité du rapport à nos enfants. Il ne s'agit pas ici d'encourager le châtiment corporel mais d'admettre que c'est à chaque parent de mesurer le bien-fondé d'une fessée ou d'une tape ; lorsqu'elles expriment la frustration ressentie face à un enfant qui n'écoute rien, face auquel, quels que soient les moyens employés – fermeté, menace de punition... –, on n'obtient jamais aucun résultat, car c'est l'aboutissement d'une escalade déjà de mauvais augure. Mais on n'est pas un monstre pour avoir donné une fessée à un bambin déchaîné. Les parents sont souvent paralysés aujourd'hui, paniqués par l'idée même d'avoir envie de le faire.

On remarquera que plus l'individu est considéré comme mètre étalon de la société, plus la loi doit se positionner sur une multitude de sujets qui, jusqu'à des temps récents, étaient laissés à l'appréciation de chacun. Ce qui était du domaine du privé devient alors objet de débat public. C'est au nom de l'enfant en tant que personne que s'opère ce changement, qui fragilise la famille dans son rôle d'institution.

### *La frustration, expérience fondatrice*

Un enfant se structure par rapport à son milieu, familial en tout premier lieu. Lorsqu'il naît, il passe par ce que la psychanalyse appelle un stade de « narcissisme primaire » : il n'a pas conscience du reste du monde et se vit comme le centre de son univers. C'est à travers les interactions avec la mère notamment, et surtout à travers les limites qu'elle lui fixe, qu'il va, peu à peu, prendre conscience de son environnement. Au début, lorsqu'il a faim, il pleure et, aussitôt, sa mère lui donne le sein ou le biberon, ce qui permet au bébé de faire l'expérience de la satisfaction de ce besoin vital. Au fur et à mesure qu'il grandit, sa mère répondra un peu moins vite à sa demande. Aussi lorsqu'il a faim et n'obtient pas le biberon, il va faire l'expérience de ce que Freud appelle la « satisfaction hallucinatoire du désir », c'est-à-dire qu'il convoquera l'image de ce qu'il convoite, en l'occurrence le lait. Cette image va le soulager momentanément, lui permettre d'apprendre à différer la satisfaction de son besoin, ce qui contribuera à développer son appareil psychique. Le laps de temps entre le besoin et la réponse apportée l'oblige à penser le monde et à développer un système de représentations. Grâce à cela, il prend conscience qu'il existe, en dehors de lui, une réalité qui tour à tour le satisfait ou le frustre.

On comprend alors à quel point la frustration est une expérience fondatrice, car c'est elle qui permet et instaure le désir, désir qui est ouverture au monde. Bien sûr, il ne faut pas que la frustration soit permanente, car le bébé risque alors de se décourager au point de se refermer sur lui-même, sans plus être stimulé par la recherche de la satisfaction.

La « bonne distance » entre la mère et l'enfant, dont on parle si souvent, est faite de ce mélange de satisfaction et de frustration, et permet à l'enfant de ne pas rester dans un sentiment de toute-puissance dans lequel il suffit de vouloir pour créer l'objet de son désir. Le bébé comprend peu à peu qu'il existe un décalage entre son désir et la réalisation de celui-ci. C'est ce décalage qui va lui apprendre à régir ses besoins comme ses désirs, le poussant ainsi à aller à la rencontre de l'autre, chemin nécessaire pour sortir de l'illusion solipsiste et prendre conscience que le monde ne se réduit pas à sa propre personne.

C'est à travers les petits gestes de la vie quotidienne que chaque couple mère-enfant trouve la « bonne distance » nécessaire. Ainsi certaines femmes me demandent-elles souvent s'il faut laisser pleurer leur bébé, et si oui, combien de temps, montrant là toute la difficulté qu'il y a à ajuster ses réponses. Or celles-ci dépendent de chacun, sans formule préexistante.

Sacha, deux ans, ne cesse de se tortiller dans son lit à barreaux. N'ayant trouvé aucune cause physiologique à ces mouvements, le pédiatre a conseillé à la mère, Brigitte, de me consulter. Dès le début de notre rencontre, Sacha va se lover sur ses genoux – et ne quittera pas cette place tout le temps que durera la séance – ; la mère m'informe que, depuis sa naissance, elle filme Sacha et souhaite m'apporter ces enregistrements qui constituent pour elle la preuve du bon développement de la fillette.

La maman raconte qu'elle est tombée enceinte au moment où son mari et elle déménageaient à Paris, ce qui fût difficile pour elle qui quittait son environnement familier. Durant toute sa grossesse, elle a lu de nombreux livres et des manuels d'éducation, essayant d'appliquer leurs moindres conseils à la naissance de Sacha. Aussitôt après son retour de la clinique, elle s'est repliée sur sa fille, concentrant toute son énergie à s'occuper d'elle. Les livres ne lui ayant pas fourni les réponses qu'elle attendait, elle a consulté spécialiste sur spécialiste pour essayer de savoir comment être une « bonne mère ».

Revenant au symptôme de la fillette – ses mouvements incessants dans son lit – pour tenter de le comprendre, je découvre que Brigitte n'a jamais donné de « doudou » à Sacha, considérant que cela était inutile. De plus, soutient cette maman, l'attachement que pourrait ressentir la petite à l'égard d'un doudou l'obligerait par la suite à s'en détacher. On sait, depuis Winnicott, l'importance de cet « objet transitionnel » qui permet à l'enfant de supporter l'absence de la mère en matérialisant sa présence à travers un objet qu'il a choisi et qu'il utilise de façon symbolique pour pallier le manque.

Le refus de donner un doudou à Sacha n'est pas désir de la brimer, mais aurait obligé la mère à accepter que sa fille puisse investir quelque chose d'autre qu'elle-même, à admettre qu'elle ne représente pas tout pour elle. Faute de doudou, Sacha a recours à des mouvements qui sont à comprendre à la fois comme un rituel autoérotique parce que cela lui procure du plaisir, mais aussi autocalmant parce qu'elle est soulagée d'une tension interne liée à l'angoisse de sa mère mais aussi à son omniprésence.

S'occuper sans cesse de sa fille était sans doute, pour Brigitte, un moyen de se détourner de sa propre angoisse – liée à son déménagement vécu comme un déracinement –, angoisse qu'elle transmettait malgré elle à Sacha, en la guettant sans cesse. Cette trop grande surveillance, qui est aussi un trop grand rapproché, n'a pas donné à la fillette l'espace nécessaire au déploiement de ses désirs. Confinée à la maison, seule avec sa mère, dont elle est l'unique objet d'amour et d'attention, elle n'a pas pu entrer en interaction avec le monde extérieur. Comment aurait-elle pu désirer quelque chose alors que sa mère la comblait sans cesse, la privant en même temps de la possibilité d'entrevoir ce qu'elle n'avait pas et aurait pu désirer ? Comment désirer ce que l'on a déjà ? Comment désirer ce dont on ignore l'existence ? Voilà quelques conséquences de cette trop grande proximité.

Pourquoi a-t-on aujourd'hui tant de mal à laisser de l'espace entre son enfant et soi ? Parce que nous avons besoin de nos enfants au moins autant qu'ils ont besoin de nous. Nous avons besoin d'eux pour nous sentir aimés et nous rassurer.

## *Seul, face à son désir*

En matière d'éducation, nous sommes passés d'un extrême à l'autre : de la répression du « trop d'interdit » à la permissivité du « sans interdit ». Il devient impossible d'apprendre aux enfants à différer leur satisfaction et à accepter la frustration, et c'est sans doute là qu'il faut chercher l'origine de l'enfant tyran dont on parle tant aujourd'hui. La frustration est pourtant une expérience fondamentale puisqu'elle permet à l'enfant d'appréhender la réalité et d'apprendre peu à peu qu'il n'aura pas toujours ce qu'il veut. Et c'est bien aux parents qu'il revient de lui présenter cette réalité, si différente de la satisfaction immédiate. Or ceux-ci ont aujourd'hui tendance à faire leur possible pour éviter la frustration à leurs enfants, oubliant qu'ils y seront confrontés un jour ou l'autre et qu'ils auront d'autant plus de mal à l'accepter. Pour ne pas être celui qui limite le désir, pour ne pas prendre le risque que l'enfant lui en veuille ou le déteste, tout autant que pour lui épargner d'être « malheureux », le parent laisse l'enfant décider lui-même. Au lieu de lui dire par exemple : « non, tu n'auras pas de bonbons maintenant, parce que c'est bientôt l'heure du dîner » ou « parce que tu as mal aux dents », il préfère se contenter de recommander : « tu sais que ce n'est pas bon pour toi, mais après tout, fais ce que tu veux », mettant ainsi l'enfant dans une situation de pseudoresponsabilisation dont il ne perçoit pas toutes les conséquences. En effet, si l'enfant finit par manger les bonbons, il risque de s'en vouloir puisqu'il sait que ce n'est pas bon pour lui. Le conflit n'est plus entre lui et un objet extérieur (le parent qui interdit), mais entre lui et lui-même, conflit inconfortable s'il en est et qui est loin de l'apaiser. En offrant des limites, l'interdit calme et apaise, et la frustration qui en résulte structure. Grâce à elle, l'enfant apprend qu'il peut avoir des désirs, ne pas les assouvir tout de suite et ne pas en mourir.

Pour le psychanalyste, ce changement radical se traduit par un changement dans le type des pathologies. Il y a encore une cinquantaine d'années dominait ce que l'on appelle les maladies du surmoi : le sujet, soumis à trop d'interdits – lesquels contribuent à forger le surmoi, instance qui juge –, était en proie à un conflit intrapsychique : « j'ai envie de... mais je sais que je n'ai pas le droit de... », source de culpabilité : « je ne devrais pas avoir envie... ». Aujourd'hui, c'est à une véritable épidémie de pathologies narcissiques que l'on assiste. Chez le narcissique, il n'y a pas culpabilité, mais malaise, trouble de l'estime de soi, dépression, dépendance. Il a sans cesse besoin d'être rassuré par quelque chose ou quelqu'un d'extérieur, et son insécurité fondamentale peut se manifester par un sentiment de toute-puissance, une intolérance à la frustration ou une autosuffisance affichée, sans aucune empathie pour le monde qui l'entoure.

La culpabilité renvoie à une norme sociale ou familiale, qui, si étouffante soit-elle, permet de se définir – en s'y opposant notamment. Jusqu'à il y a peu, chaque individu était le fruit de son milieu et vivait avec certaines contraintes et règles inhérentes à celui-ci. Lorsque la norme disparaît, et avec elle les contraintes, par rapport à quoi peut-on se définir ? C'est toute la difficulté à laquelle se heurtent de nombreux patients aujourd'hui, traduisant cette « fatigue d'être soi [1] » décrite par le sociologue Alain Ehrenberg.

Christina, vingt-sept ans, est une jeune femme très intelligente, pleine de vie et de projets. Ses parents, bien que divorcés de longue date, s'entendent bien et connaissent une réussite professionnelle exemplaire. Parce qu'ils en avaient les moyens, ils ont laissé leur fille faire toutes les études qu'elle voulait, mais si elle préférait travailler, ils ne l'en empêchaient pas non plus.

Quand elle vient me voir, Christina me demande ouvertement de l'aider à trouver sa voie, une vocation. Elle peut tout faire, mais ne sait que choisir. Devant tant de possibilités, elle ne ressent aucune contrainte, aucune nécessité.

1. Alain Ehrenberg, *La Fatigue d'être soi, dépression et société,* Odile Jacob, 1998.

Au fur et à mesure que nous avançons dans le travail se révèle chez la jeune femme une réelle souffrance liée à un sentiment de vacuité, accompagné d'un sentiment de culpabilité : Christina s'en veut de ne pas profiter de la chance qu'elle a, de toutes les facilités qui s'offrent à elle, de ses parents aimants qui lui ont laissé le choix et lui ont toujours fait sentir qu'elle était parfaite à leurs yeux. Mais elle n'arrive jamais à se satisfaire de ce qu'elle entreprend, se met en situation d'interrompre ses nombreux projets.

Christina prend peu à peu conscience qu'elle ne peut choisir une voie et se consacrer à un domaine, car ce serait renoncer à toutes les options dont elle jouit. Or, s'imposer des limites ce serait surtout mettre un terme aux projections de ses parents. Finalement, elle entreprendra un doctorat en anthropologie, abandonnant pour cela un travail dans une radio, consciente de ne pas pouvoir mener les deux de front. Tournant le dos au surfing, au zapping, elle a réussi à faire peu à peu un choix et à trouver un réel plaisir à approfondir une voie, se construisant ainsi un univers professionnel qui lui plaît même s'il n'est pas parfait.

On voit dans cet exemple comment la liberté dont elle a joui dans son éducation par rapport aux choix qu'elle avait faits a plutôt été un poids qu'une ouverture pour elle.

Derrière ce refus de prendre position et d'interdire se cache une exigence de perfection de la part des parents. Ainsi leurs petits doivent les satisfaire, et tout de suite, plaçant les enfants dans une situation bien difficile.

3.

# Le mythe de l'enfant parfait : une nouvelle forme de violence

Parce qu'ils sont au centre de nos vies, nos enfants sont aussi au centre de nos conversations. Il n'est pas de dîner entre couples où l'on ne parle d'eux, le plus souvent pour faire part de leurs progrès et réussites. En revanche, on évoque moins volontiers leurs problèmes, souvent perçus comme un échec personnel pour les parents qui auraient failli dans leur rôle : l'enfant aujourd'hui se doit d'être parfait. De la perfection, chacun a une idée qui lui est propre, mais beaucoup se rejoignent sur le fait qu'il s'agit d'un enfant qui ne pose aucun problème. Comme si l'on oubliait qu'il est un être en développement, que ce développement ne peut pas être linéaire, mais comporte des périodes plus ou moins harmonieuses, des hauts et des bas, des progrès et des régressions, des stagnations et des coups d'accélérateur.

## *L'enfant-objet*

Chacun le sait désormais et nul n'oserait plus le contester : le bébé, et à plus forte raison l'enfant, est une *personne*. L'affirmation signifie qu'on lui reconnaît une existence propre, une individualité, et donc qu'on le considère comme un sujet. Or, paradoxe de notre époque, l'enfant semble au contraire mis en position d'*objet*. Lors d'une première consultation, que de fois j'entends les parents dire devant leur enfant : « il est timide », « elle est coléreuse et capricieuse », « il est agressif », définissant ainsi un caractère ou un rôle auquel l'enfant n'a plus d'autre choix que de se conformer parce qu'il est en grande partie défini par ce regard posé sur lui. Que le jugement ainsi porté sur l'enfant soit négatif n'est pas forcément plus préjudiciable que s'il est positif, car de la même façon, il définit une place de laquelle il est toujours difficile de sortir. « Il est sage », « elle est très douce » : ces petites phrases rendent les bêtises plus lourdes à assumer et interdisent parfois tout mouvement d'agressivité et d'impatience. « Parler d'un être, lui infliger le traitement de la troisième personne », suggère Roland Barthes, est une forme de violence, une manière d'objectiver celui que l'on évoque. « Il », pronom de la non-personne, est bien « le mot le plus méchant de la langue »[1].

Ainsi y a-t-il aujourd'hui une façon de parler de sa progéniture qui n'est pas neutre. « Pour moi, il n'y a rien de plus important que mes enfants », entend-on souvent. Dès lors, le soupçon s'éveille, car plus qu'un commentaire sur la relation que nous entretenons avec nos enfants : la déclaration devient une définition de soi. L'enfant est désormais exhibé comme un attribut narcissique. Ce qui compte, ce n'est pas tant qu'il aille bien, mais plutôt que cela fasse de nous de « bons » parents.

« Si l'on considère l'attitude des parents tendres envers leurs enfants, l'on est obligé d'y reconnaître la reviviscence et la reproduction de leur propre narcissisme... Il existe devant l'enfant une tendance à suspendre les acquisitions culturelles dont on a extorqué la reconnaissance à son propre narcissisme, et à renouveler à son sujet la revendication de privilèges depuis longtemps abandonnés. L'enfant aura une vie meilleure que ses parents, il ne sera pas soumis aux nécessités dont on a fait l'expérience qu'elles dominaient la vie[2]... » Ainsi l'enfant est-il celui qui doit réparer les blessures infligées aux parents, faire mieux qu'eux, réaliser leurs rêves en

1. Roland Barthes, *Roland Barthes par Roland Barthes*, Le Seuil, 1975, p. 171.
2. Sigmund Freud, « Pour introduire le narcissisme », in *La Vie sexuelle*, *op. cit.*

suspens. En ce sens, il représente bien un projet narcissique, projet auquel les parents vont peu à peu renoncer pour reconnaître l'enfant tel qu'il est et non tel qu'ils voudraient qu'il soit. Mais, aujourd'hui, le projet narcissique s'est transformé jusqu'à faire de l'enfant un objet narcissique : il est ce qui valorise les parents, leur permet d'exister. Entre le projet et l'objet, la différence est de taille : on glisse d'une notion dynamique à quelque chose de figé et d'inanimé. Parce qu'il est beau, parce qu'il réussit, l'enfant fait de nous des êtres exceptionnels. En revanche, s'il échoue, c'est nous qui échouons avec lui.

Quelle place pour l'enfant dans tout cela ? Prenons l'exemple d'une mère qui, sous prétexte d'aider sa fille, fait les devoirs à sa place. Quand celle-ci a des bonnes notes, la mère se félicite, mais elle vit comme un échec personnel lorsque la fillette rate un contrôle. Dans les deux cas, l'enfant n'aura jamais la satisfaction ni de réussir les choses par elle-même, ni de se confronter à l'échec. De là, sans doute, une grande difficulté à s'autonomiser et à se définir.

La reconnaissance de l'existence de l'autre est refusée, afin de mieux abolir la dépendance ressentie à son égard – le pouvoir de l'autre est en effet sans limites, puisque celui-ci peut satisfaire et frustrer ses désirs. Il se trouve dans une problématique de séparation non résolue : le lien à l'autre se fait soit dans une fusion régressive (« je ne peux pas me passer de toi »), soit dans une indépendance toute-puissante (« je n'ai besoin de personne, moi seul sais ce qui est bon pour moi »). Pour en sortir, il faudrait pouvoir reconnaître l'autre comme une personne distincte et non comme une projection de soi-même, admettre qu'il puisse réagir de façon totalement différente de soi.

Mais accepter l'existence de l'autre revient à accepter ses propres limites et cette barrière à la toute-puissance est insupportable pour certains puisqu'elle oblige à consentir qu'il existe un monde en dehors de soi et que, si on en fait partie, on n'en est pas pour autant le maître.

Si nous insistons ici sur ce que peut être le narcissisme porté à son extrême, c'est pour mieux éclairer les dégâts que le nôtre peut provoquer chez un enfant. Objet narcissique, il sert à nous valoriser mais il a du mal à développer son propre moi, avec ses limites : il n'a pas de statut de personne pouvant exister en dehors de nous.

### *L'idéal du moi*

Marie et Sébastien ont quatre fils. Ils viennent consulter pour leur aîné, Fabrice, brillant élève en classe préparatoire dans un excellent lycée parisien, qui a récemment menacé un professeur avec un couteau. Cette nouvelle a provoqué un choc d'autant plus grand dans cette famille que tous les garçons sont des modèles de bonne éducation, suivant une scolarité exemplaire, domaine très investi par la mère elle-même enseignante.

Lorsqu'elle raconte l'événement, Marie répète à plusieurs reprises que, depuis, « l'image de la famille est détruite ». Elle explique que sa famille nombreuse était ce qu'elle voulait réussir dans la vie et, dans une culpabilité affichée, se demande ce qu'elle a pu mal faire, mais jamais elle ne se préoccupe de savoir ce que peut ressentir son fils aîné – ni les autres d'ailleurs. Elle ne se demande pas pourquoi son fils a agi ainsi. Ce qui la touche, c'est ce qui modifie l'image qu'elle a d'elle-même et des siens.

Au fil du travail avec cette famille va progressivement émerger le désaccord du couple des parents. Marie désirait avoir des enfants, alors que Sébastien n'en voulait pas. Entre eux, il y a eu une sorte de contrat implicite : Sébastien acceptait de « les fabriquer », à condition que ce soit Marie qui les élève, déclarant n'être pas concerné par leur éducation. Accrochée à son rêve de famille impeccable et de couple uni, Marie n'a jamais voulu afficher ce désaccord fondamental, ni même l'affronter, pas plus qu'elle n'a pu reconnaître sa propre souffrance. C'est donc sur une sorte de mensonge tacite que tout le monde a vécu jusqu'à l'acte violent de

Fabrice. D'un coup de couteau, celui-ci est venu déchirer, lacérer l'image trop parfaite que cette famille donnait au monde, obligeant le couple des parents à reconnaître les failles de leur union et de la construction de leur famille. Chaque enfant a pu alors revendiquer sa place, ses envies, en sortant du rôle d'enfant et d'élève modèle qui lui avait été assigné. L'acte de violence de Fabrice était une tentative d'exister par lui-même, de couper le lien aux parents qui l'obligeait à se conformer à un mythe dans lequel il ne se reconnaissait pas. Mais pour parvenir à échapper enfin à des années d'exigence maternelle, il a dû recourir à un comportement extrême.

Il faut ici remarquer que c'est au moment où il pouvait se sentir plus libre (il venait en effet de quitter la maison pour prendre son indépendance) que l'injonction parentale est devenue insupportable et que le besoin de révolte s'est déplacé sur le professeur. Comme toujours, il est plus facile de s'en prendre à un tiers qu'à la principale concernée : cela permet à Fabrice d'attaquer la figure maternelle tout en la protégeant physiquement de sa violence. On remarquera malgré tout que, même si elle était effrayante par ses attentes, la mère jouait un rôle de contention. Quand il s'en éloigne, Fabrice éprouve un moment de panique, comme s'il n'avait pas intériorisé les règles. C'est ainsi que l'on peut comprendre son passage à l'acte.

Pour Freud, l'idéal du moi est une image interne créée par une partie du moi à laquelle ce dernier va chercher à se conformer. Cet idéal est plus ou moins exigeant et si cette exigence peut servir de moteur et de motivation – on cherche sans cesse à progresser pour s'approcher au plus près de ce modèle –, il se peut au contraire qu'elle soit génératrice d'inhibition – l'idéal est si parfait qu'on désespère de pouvoir lui ressembler un jour. L'idéal du moi de l'enfant est constitué pour une bonne part de l'intériorisation de l'idéal du moi de ses parents. C'est une étape nécessaire, car elle aide à se structurer en donnant en quelque sorte une direction à suivre, à condition qu'elle soit limitée dans le temps, sans quoi elle risque de devenir étouffante. Vient en effet un moment, celui de l'adolescence, où l'on doit pouvoir s'affranchir de l'idéal du moi des parents, pour s'approprier son propre idéal. Cela ne se fait jamais sans révolte, ni conflit, ni douleur, aujourd'hui plus encore qu'hier puisque les adolescents sont comme pris entre deux injonctions : l'une sociale, « tu te construis toi-même », l'autre familiale, « tu dois répondre à nos attentes ». Si l'adolescent a besoin de trouver ses propres marques et repères, et n'a plus envie d'être défini par ses parents, il a sans doute de plus en plus de difficultés à se détacher d'eux et à s'affranchir de leur idéal tant le lien familial apparaît fort et puissant. La question qui se pose à lui est la suivante : « Comment me séparer en continuant malgré tout à être aimé ? » Celle qu'il pose à ses parents de façon implicite : « Est-ce que vous m'aimerez encore si je ne suis pas (ou plus) celui que vous rêvez que je sois ? »

C'est bien la peur de ne plus être aimé qui rend le détachement si difficile, mais aussi la peur de décevoir, parce que l'adolescent a aujourd'hui face à lui des parents qui, bien souvent, affirment ne vouloir que son bonheur. Mais de quel bonheur parlent-ils ? De celui qu'ils imaginent, ou de celui auquel aspire leur enfant ? Dans l'histoire de Sébastien et Marie, il semble bien que les quatre fils n'aient pas réussi à s'affranchir de l'idéal du moi des parents – ici surtout celui de la mère –, s'appliquant à être comme elle voulait qu'ils soient, jusqu'à étouffer leurs propres aspirations. Soumis malgré eux au désir maternel, prisonniers de ce désir, ils ne parvenaient ni à exprimer ni même à reconnaître le leur.

« Ce qui définit le visage, c'est sa désobéissance à la définition [1] », rapporte Alain Finkielkraut, se référant à Emmanuel Levinas. Se dérober aux rôles qui nous sont assignés, au déterminisme d'un environnement socioculturel, aux jugements de l'autre, voilà une envie légitime. Encore faut-il accepter de ne plus vivre par rapport à l'idéal de quelqu'un d'autre, fussent-ils les parents, ce

1. Alain Finkielkraut, *La Sagesse de l'amour*, *op. cit.*, p. 30.

que Fabrice n'a pu commencer à faire qu'à travers un acte de violence.

*L'amour n'est pas gratuit*

Nous aimons nos enfants, mais cet amour n'est pas gratuit, puisque il y a obligation d'être aimé en retour. Nous attendons donc non seulement qu'ils répondent à nos attentes, mais en plus qu'ils nous aiment. Ainsi exige-t-on d'eux qu'ils réussissent à l'école, manifestent quelques dons artistiques, soient sociables, indépendants mais pas trop, bien dans leur tête et heureux de vivre. Nous ne voulons que leur bonheur, mais à condition qu'ils nous renvoient une image satisfaisante de nous-mêmes. Dès lors que l'enfant ne se montre pas à la hauteur de nos exigences, la déception est en route.

Louis, douze ans, est en échec scolaire depuis plusieurs années déjà. Ses parents, tous deux architectes, comprennent d'autant moins que ses deux sœurs réussissent brillamment. « Il n'est pas idiot, mais il fait tout pour qu'on le prenne pour un crétin », dit la mère. « Nous ne savons plus quoi faire pour qu'il travaille », ajoute le père. Ces propos, qui ponctuent l'énumération de ses échecs, sont visiblement pénibles à Louis, jeune et beau garçon qui semble effectivement à la limite de la débilité, son visage arborant une mimique proche de la grimace qui déforme ses traits. Ils ont consulté plusieurs psychologues, ont fait passé des tests de niveau à Louis : tous montrent une intelligence dans la moyenne qui devrait lui permettre de poursuivre une scolarité normale. Le père a beaucoup de mal à accepter les difficultés que rencontre son fils. L'idée que celui-ci puisse avoir d'autres moyens d'exprimer ses qualités, notamment en sport où il est très performant, lui est étrangère, car la scolarité ratée constitue une trop grande blessure narcissique pour cet homme qui a réussi de brillantes études alors qu'il est issu d'un milieu modeste.

Nous mettons en place un travail thérapeutique une fois par semaine et, à chaque séance, alors que je me contente de lui poser de simples questions d'usage (comment ça se passe à l'école ? qu'aime-t-il ? que déteste-t-il ? a-t-il des copains ?), Louis fait mine de ne pas comprendre ce que je dis et ne se départ pas de son rictus. Pourquoi ce garçon met-il tant d'énergie à se présenter comme un idiot ? Voilà la question que je me pose.

Au cours de notre travail, Louis fait sa bar-mitsva, moment visiblement très important pour lui. La cérémonie s'est magnifiquement déroulée et il a réussi ce rite de passage. Lors de la séance qui suit cet événement, où Louis me raconte cette journée heureuse, il parvient à me dire que son père a honte de lui. Il sait qu'il représente à ces yeux une grosse déception. Je lui demande alors s'il s'évertue, à son propre détriment, à faire l'idiot, dans le seul but de tester l'amour de son père et de vérifier qu'il résistera à ses échecs répétés. La question semble troubler le jeune garçon puisqu'elle sous-entend qu'il est l'auteur de sa propre bêtise, bêtise qui s'avère purement symptomatique.

À partir de ce moment, Louis va pouvoir commencer à utiliser son énergie pour travailler au lieu de la mettre au service de son échec. Devant les exigences de son père face à ce fils unique, il a eu besoin de ce stratagème, dont bien évidemment il n'avait pas conscience, pour vérifier la nature des sentiments paternels. Ce qui est intéressant ici, c'est que Louis peut formuler la déception du père au moment même où il lui montre qu'il est capable de réussir quelque chose de l'ordre de la transmission, qui l'inscrit dans la succession des générations. Par cela, il affirme qu'il est bien le fils de son père.

Lorsqu'un enfant ne répond pas aux exigences parentales, il peut faire l'objet d'un rejet d'autant plus terrible que c'est toujours l'amour infini des parents vis-à-vis de leur enfant qui est mis en avant. Le message est souvent paradoxal, se résumant à la fameuse formule : « Qui aime bien châtie bien. » Mais l'enfant ne l'entend pas de cette oreille. Ce qu'il craint, lui, c'est de perdre l'amour de ses parents. Pour ne pas prendre ce risque, certains vont se conformer aux attentes parentales ; d'autres, par peur du conflit et de l'affrontement, vont préférer s'effacer. Chez ceux-là, l'ambivalence est source d'une culpabilité importante dont ils se punissent en échouant. Mais dans les deux cas, l'enfant a bien du mal à se sentir autonome.

### *Le parent parfait*

Le fantasme de l'enfant parfait nous oblige en retour à être des parents parfaits. Et il est difficile de renoncer à l'être, car c'est alors notre propre narcissisme qui est remis en question. Mais quel poids nous nous mettons sur les épaules ! De là le sentiment de ne jamais en faire assez, de ne jamais bien faire, et la culpabilité qui l'accompagne, culpabilité revendiquée, ou prétendue telle, souvent bien pratique car elle oblige l'autre, le met en situation de dette. Une mère qui avoue qu'elle se sent nulle met son enfant en position de la rassurer. Ce type de relation se déploie bien souvent lorsque les enfants ont grandi et c'est évidemment alors une manière de s'attacher ceux-ci alors qu'ils ne sont plus dans la maison. La culpabilité du parent se transfère directement sur la génération du dessous qui se sent responsable.

La mère agit non d'après ses propres sentiments ou son propre jugement, mais selon l'image de ce que doit être une bonne mère. Mais qu'est-ce qu'une bonne mère ? Question complexe s'il en est et, si l'on s'amuse à la poser autour de soi, l'on obtiendra sans doute des réponses très différentes. Winnicott préférait pour sa part parler de la mère « suffisamment bonne » : mère attentionnée et tendre, mais surtout pas parfaite car c'est précisément à travers ses failles, ses défauts, ses manquements que l'enfant pourra s'autonomiser, en l'attaquant dans ses fantasmes sans avoir peur d'être méchant et de la détruire.

La mère « suffisamment bonne » est celle qui peut accepter et même provoquer l'agressivité de son enfant, contrairement à la mère parfaite qui, du fait même de cette soi-disant perfection, devient inattaquable. C'est pourquoi, loin d'être bénéfique pour l'enfant, la mère qui se veut parfaite est une figure terrifiante et toxique : en miroir, le petit qui éprouvera nécessairement des sentiments négatifs à son égard se sentira monstrueux et « mauvais ».

Toutes les mères portent en elles une image de mère idéale, pour réparer leur enfance et s'inventer la mère qu'elles auraient aimé avoir, pour rivaliser avec leur propre mère et se prouver qu'elles peuvent faire mieux... Chez certaines, l'image est si forte, qu'à force d'essayer de l'égaler, elles s'enferment dans un rôle en oublient leur enfant qui n'est là que pour valoriser et valider cet idéal tant convoité.

Pour négocier avec cette image, il faut accepter d'être plus ou moins bonne selon les jours et les moments et surtout pouvoir admettre que ce que l'on fait moins bien n'est pas cataclysmique pour l'enfant. C'est à ce prix qu'on pourra se libérer de l'angoisse de mal faire, qui est souvent l'expression d'un pouvoir de faire du mal. L'idée de la perfection maternelle est en effet à rapprocher du sentiment de toute-puissance : la mère seule aurait le pouvoir de faire ou défaire son enfant.

C'est le cas de Catherine, trente-huit ans, une patiente que je vois en analyse : elle parle souvent de sa mère, Diane, une femme dont la perfection lui pèse car elle ne pourra jamais l'égaler. Elle me raconte alors qu'elle lui a confié sa fille, Lily, pendant le week-end. Le lundi matin, Diane l'informe que Lily n'a pas pris de bain depuis vendredi. Comme Catherine s'en étonne, la grand-mère explique que la fillette ne voulait pas et se mettait à crier dès qu'elle évoquait le bain.

En me rapportant l'incident, Catherine a les larmes aux yeux. Et voilà que soudain elle comprend comment sa mère arrivait à être parfaite. Lorsqu'elle était enfant, dès qu'elles étaient en conflit autour des petits événements de la vie quotidienne, Catherine était confiée à sa nurse. Ainsi, si elle n'a jamais ressenti un manque d'amour maternel, elle a vécu dans une absence totale de confrontation. Comment aurait-elle pu alors se séparer de cette mère ? Comment la critiquer et accepter ses failles, puisque celles-ci étaient invisibles ?

Ce n'est qu'en voyant cette femme de soixante ans reculer devant la volonté d'une petite fille de trois ans qu'elle a enfin compris que sa mère avait une telle peur de l'affrontement qu'elle l'évitait à tout prix. Cette forteresse lui est alors apparue comme bien fragile. La prise de conscience qu'a eue Catherine lui a permis de renoncer à cette quête sans fin : se conformer aux désirs maternels.

Accepter de rentrer en conflit, et donc prendre le risque d'être rejetée, moins aimée, était insoutenable pour Diane, selon sa fille. Pourtant, accepter d'être l'objet du ressentiment de nos enfants leur permet de se séparer de nous et de se rendre compte que la relation peut survivre à ces mouvements négatifs.

Comme on se demandait autrefois si l'on était un bon chrétien, on s'interroge aujourd'hui pour savoir si l'on est un bon parent, ce qui devient une caractéristique de notre personnalité. Mais sur quels critères se juge-t-on bon ou mauvais ? Au succès de ses enfants ? à l'amour qu'ils nous portent ? Il semblerait en effet que l'on attende que ce soient eux qui nous décernent ce titre, ce qu'ils ne pourront faire que parvenus à l'âge adulte, lorsqu'ils seront parents à leur tour. Auparavant, c'est impossible, la jauge de l'enfant étant la satisfaction immédiate.

Vouloir être aimé de ses enfants est une idée assez nouvelle. On a besoin d'eux pour valider ce que l'on est, pour se sentir aimé. Dès lors que survient un conflit, on se demande si l'on n'est pas un parent « raté ». Il y a là, comme nous l'avons vu, une dimension narcissique : le moindre problème de l'enfant serait signe que l'on a failli. Il est sans doute normal de se poser la question, encore faut-il que cela nous aide à changer d'attitude. Mais nous nous contentons aujourd'hui de rester dans la blessure narcissique, ce qui a pour résultat de nous centrer davantage encore sur nous-mêmes, au détriment de l'enfant.

La violence de l'amour vient en partie du fait que nous sommes dépendants de nos enfants, donc nous ne pouvons supporter l'idée de perdre, même de façon transitoire, leur amour. Pourtant c'est l'enfant qui naît dans un état de dépendance absolue qui ira s'amenuisant au fur et à mesure de son développement, jusqu'à ce qu'il acquière autonomie et indépendance. Aujourd'hui, la donne s'est inversée et c'est le parent qui se retrouve en état de dépendance par rapport à son enfant.

« Le combat livré par la famille pour se conformer à une image de parents et à un idéal de solidarité familiale, imposés par l'extérieur, n'aboutissait qu'à créer l'apparence, au détriment des sentiments spontanés[1]. » Par un revirement étrange, la famille, lieu de l'intimité et forteresse affective, est devenue un tableau que l'on expose

1. Christopher Lasch, *La Culture du narcissisme*, *op. cit.*, p. 223.

aux yeux du monde, un signe de réussite et de bonheur. Curieusement, au moment où chaque famille semble être devenue un royaume autonome, qui se construit sans référence extérieure, elle ne cesse de demander à la société de valider ses choix et ses attitudes. Ai-je raison de le punir ? Ai-je raison de lui faire faire du judo ou de la danse ? Ai-je raison de l'envoyer en colonie de vacances ? L'idée qu'ils peuvent trouver la réponse en eux-mêmes ne vient plus à l'esprit des parents, et ils se tournent vers des spécialistes qui, doués d'un savoir objectif, sauraient toujours ce qu'il convient de faire à leur place, les aidant ainsi à être les parents parfaits qu'ils se doivent d'être face à leurs enfants non moins parfaits.

*Le parent, un être en devenir*

L'idéal de perfection est tel que devenir parent n'est plus un phénomène naturel mais un apprentissage : on apprend à être parent comme on apprend un métier. Au lieu d'aboutir à une nouvelle maîtrise de notre rôle, cela entraîne des effets pervers. Plus on veut s'améliorer plus on démissionne, envahi par le doute et la peur de frustrer ou castrer nos petites têtes blondes.

Jadis, un parent avait (plus ou moins) terminé son évolution ; il était adulte. Aujourd'hui, tout se passe comme si nous continuions de grandir avec nos enfants, ce qui nous met sur un pied d'égalité avec eux ; comme eux, nous sommes des êtres en devenir. On apprend à être parents avec nos enfants quand, avant, il existait une norme, des règles. Cela permet sans nul doute l'émergence de styles éducatifs plus divers et marque indéniablement une ouverture, mais dans le même temps cela entraîne des tâtonnements de la part des adultes que les petits perçoivent très bien. Voilà qui contribue à entretenir cette confusion entre les générations, les parents se sentant perdus face à leur progéniture, ne sachant plus comment se comporter, leurs réactions étant alors un miroir de celles de l'enfant. Face à un caprice, à une bêtise, le parent n'a pourtant pas à se sentir vexé, ou blessé, ou incompris : il doit réagir, en tenant sa place d'éducateur. Si ce sont ses propres sentiments qu'il écoute au lieu de tenir son rôle comme il se doit, l'attitude de l'enfant ne sera pas sanctionnée et celui-ci aura tendance à recommencer, d'autant plus qu'il s'apercevra de son pouvoir sur son parent.

Maxime a cinq ans. Sa maman consulte car il fait des crises terribles. Il suffit qu'elle ouvre la portière de la voiture ou qu'elle appuie sur le bouton de l'ascenseur au moment où il voulait le faire lui-même pour déclencher ses foudres. Elle est d'autant plus désemparée par cette attitude que Maxime est par ailleurs très gentil et la vie familiale sans histoires. Elle se sent « nulle comme mère » et totalement démunie, elle a honte lorsque ces crises ont lieu en présence de tiers étrangers à la famille et en ressent une profonde tristesse.

Pourquoi lui est-il si difficile d'arrêter les spirales de colère de son fils ? « Parce que, dit-elle, si je tente de m'opposer à ses caprices, Maxime hurle de plus belle. » Peu à peu, elle réalise qu'elle a peur de lui, peur de ses réactions, comme elle-même, enfant, avait peur des colères de son propre père. En se fâchant, elle ressemblerait trop à ce père craint ; inconsciemment, elle préfère donc laisser cette place à son fils, le mettant ainsi en position parentale. Une fois qu'elle a pu comprendre cela, elle est davantage parvenue à contenir les colères de Maxime qui s'en est trouvé très soulagé, car déchargé d'un rôle qui lui était trop pesant.

Cet exemple illustre parfaitement à mes yeux la confusion des rôles, l'enfant prenant malgré lui la place du parent, mais de façon tout à fait anarchique, parce qu'il n'a pas les moyens de le faire.

Trop souvent, nous ne tenons pas notre place, parce que nous voulons faire et rester jeunes, et surtout être aimés de nos enfants. Mais ce besoin d'un amour sans nuages est source de bien des désordres pour l'enfant qui ne peut plus se situer dans la succession des générations ni se référer à une histoire familiale.

Dans les années 1950 se développe tout un discours sur l'amour et le culte de l'authenticité qui va bientôt s'appliquer à l'éducation. Ainsi, chose nouvelle, l'enfant doit pouvoir exprimer ses sentiments, à charge pour les parents de les écouter et les accepter. De nombreux ouvrages sont publiés, dont le but est de rendre les parents efficaces. Tous les encouragent à prendre leur enfant comme il est. Mais cette nouvelle injonction ne tient pas compte de la nocivité d'une relation où la hiérarchie a cédé le pas à la circularité, où l'enfant n'a plus ni référence ni repère. Si Winnicott fut l'un des premiers à affirmer que les parents n'avaient d'autre choix que de s'adapter à leur enfant, il se plaçait sur le registre psychologique et psychanalytique, non sur le registre éducatif. Il décrit cette relation très particulière de la mère à son nouveau-né : elle compose avec ses besoins et s'y adapte. Ce n'est pas la même chose que de mettre son enfant en position centrale, au nom de sa sacro-sainte spontanéité, au point de ne pas rester à sa place de parent, ce que suggèrent les pédagogues des années 1950.

« Le culte de l'authenticité reflète l'effondrement du rôle de guide des parents, en lui fournissant une justification morale. Il confirme et déguise, sous le jargon d'une libération affective, l'incapacité des parents à instruire leurs enfants sur la façon de se conduire dans le monde et à lui enseigner des préceptes éthiques [1]. » En même temps qu'il marque la reddition des parents par

1. Edward Shorter, *op. cit.*, p. 214.

rapport à une discipline qui semble dépassée, ce mouvement enferme l'enfant dans un monde où le seul lien est affectif, aux dépens du contenu intellectuel et moral. Sous prétexte qu'ils aiment et donnent de l'amour, les parents seraient dispensés de transmettre quoi que ce soit d'autre.

Les États-Unis voient apparaître dans les années 1960 un mouvement visant à « éduquer les parents », dans le but qu'ils élèvent mieux leurs enfants. On peut d'ailleurs dire que cette tendance n'en finit pas de faire école, puisqu'on ne compte plus les coaches parentaux, les formations à la parentalité sensées nous aider à tenir notre place. On peut remarquer « l'ampleur de l'offensive contre le passé à laquelle se livre cette discipline et la dévastation des formes antérieures de l'autorité qui en résulte [1] », puisqu'elle fait table rase de tous les principes éducatifs en vigueur jusqu'alors.

Ce mouvement d'éducation des parents, sujet d'une abondante littérature (plus ou moins) psychologique, entraîne chez les intéressés un sentiment de dépossession et une perte de confiance dans leur capacité à pouvoir élever au mieux leurs enfants. La compétence d'une prétendue science, qui n'en finit pas de distiller des conseils, prend désormais le pas sur le savoir-faire maternel, et plus généralement parental. Pourtant, cette

1. *Ibid.*, p. 210.

nouvelle pédagogie ne donne pas de règles éducatives, elle se contente de rappeler qu'il faut aimer sa progéniture. Le fameux Dr Spock, chantre des relations parents-enfants aux États-Unis dans les années 1960, parle ainsi du « mal irréparable » que constitue le manque d'amour. On s'étonne alors du succès rencontré par tous ces ouvrages d'« éducation » à l'attention des parents : pourquoi faire appel à des spécialistes qui se bornent à nous conseiller d'aimer ? Et comment ces spécialistes peuvent-ils conseiller un sentiment, alors que celui-ci ne se commande pas ?

Le domaine de la littérature pour la jeunesse est envahi d'ouvrages à visée pédagogique, évoquant les différents aspects de la vie quotidienne de l'enfant : la propreté, l'arrivée d'un petit frère ou d'une petite sœur, le premier jour à l'école, la visite chez le médecin... Avec leur approche très factuelle, ces livres se transforment en auxiliaires d'éducation : ils aident les parents à aborder certains sujets mais, dans le même temps, les dispensent de trouver leurs propres mots pour parler à leurs bambins des petits et grands événements de la vie.

Qu'ils soient à destination des parents ou des enfants, bon nombre de livres contribuent ainsi à diriger l'éducation, mais ce faisant la confisque aux premiers intéressés. Habités par la peur de mal faire, de ne pas savoir, de ne pas être à la hauteur de leur tâche, les parents n'en finissent pas de feuilleter ces ouvrages, de consulter psychologues, orthophonistes et autres professionnels, avec l'illusion qu'il existerait une panacée.

Désormais, chaque étape de l'enfance a son spécialiste au savoir supposé supérieur à celui des parents, et donc absolu. Du coup le contexte relationnel dans lequel surgissent les « problèmes », les symptômes ou les dysfonctionnements n'est souvent pas pris en compte. C'est d'ailleurs là l'un des apports les plus intéressants du travail sur le « système familial » qui considère que la famille et le patient en savent plus sur leur fonctionnement que le médecin, quel qu'il soit.

« À chaque étape de la vie de l'enfant, telle ou telle institution moderne s'interposera pour dire au père ou à la mère : "Nous pouvons faire mieux que vous."[1] » C'est toute la société qui s'est approprié l'éducation des enfants : « L'industrie de la publicité, les mass media, les services d'aide sociale et de santé et autres institutions d'éducation de masse se sont peu à peu emparés d'un grand nombre des fonctions de socialisation exercées traditionnellement par la famille[2] [...]. » De là une réaction pour le moins contradictoire : la démission d'une part, les parents laissant à d'autres la responsabilité de choses privées, et la révolte d'autre part, ces mêmes parents

1. *Ibid.*, p. 229.
2. *Ibid.*, p. 199.

ayant en fin de compte du mal à accepter qu'une institution puisse s'élever au-dessus de l'individu.

Bien souvent d'ailleurs, ils viennent consulter pour demander ce qu'ils doivent faire. Tout le travail consiste alors à leur permettre de reprendre et d'assumer leur position de parent, celui qui élève son enfant et décide de ce qui est bon pour lui. Les parents tentent de plus en plus de s'appuyer sur des références extérieures qui ne sont pas les leurs, et s'évertuent à appliquer des recettes qui n'ont rien à voir avec leur cas particulier. Comme on va chez le médecin quand on est malade afin qu'il nous prescrive le bon médicament, on dévore des manuels d'éducation écrits pas des « spécialistes » pour trouver la solution à la question qui nous préoccupe. La multitude de conseils n'en finit pas d'éloigner les parents d'un bon sens qui s'acquiert au fur et à mesure du développement de l'enfant, et tous les livres contribuent à renforcer l'idée qu'il existerait une norme, tendant à nous faire croire que l'éducation serait une science exacte.

L'idée même de la prévention s'insinue dans la tête des parents. S'agissant d'enfants traumatisés, la psychanalyste Caroline Eliacheff avance : « On pense habituellement que tous ces enfants devront bénéficier d'une psychothérapie. Ce n'est pas vrai. L'indication d'une psychothérapie, qui plus est d'une analyse, ne peut être posée *a priori* dès qu'une personne a subi des violences physiques ou psychiques [1]. »

Pourtant, le nombre des enfants qui vont chez « le psy » ne cesse d'augmenter. Leurs parents viennent ainsi me voir, animés des meilleures intentions du monde, au moment de leur divorce : pour eux, un événement traumatique de cette nature va forcément induire chez l'enfant des effets pathologiques qu'ils entendent éviter en venant consulter. Mais l'enfant peut vivre le divorce de bien des manières. Un petit garçon de six ans pourra peut-être se sentir coupable de l'avoir provoqué, parce qu'il désirait rester seul avec sa mère ; un autre, plus jeune, manifestera une angoisse de séparation douloureuse... De tout cela, l'enfant n'a pas toujours l'envie ni le besoin de parler. C'est ce que j'explique aux parents qui finalement expriment leur propre angoisse devant la difficulté de leurs enfants, ou plus exactement, face à l'éventualité de ces difficultés. Parfois c'est plus tard que ressurgiront les effets de tel ou tel événement. Mais la psychanalyse n'est pas préventive, malgré les tentatives en ce sens de quelques pionnières de la discipline (comme Anna Freud ou Hermine von Hug-Hellmutt), car le temps psychique n'est pas linéaire. En effet, on se construit psychiquement à partir de ce que l'on appelle

1. Caroline Eliacheff, *Vies privées. De l'enfant roi à l'enfant victime*, Odile Jacob, 1997, p. 65.

des conflits intrapsychiques. Ceux-ci mettent en tension le désir et l'interdit, ou des désirs contradictoires, auxquels l'on va s'efforcer de trouver des réponses, qui sont autant de compromis. Vouloir empêcher l'enfant de vivre ces conflits revient alors à lui ôter les bases de sa construction. Pour en revenir à l'exemple du divorce, on pourrait dire que tout enfant a le désir de rester seul avec un parent, pourtant il ne souhaite pas la séparation du couple. Lorsque celle-ci advient dans la réalité, l'enfant devra négocier entre son fantasme et cette réalité et c'est bien cette négociation qui est structurante.

Mettre des mots sur un événement est sans aucun doute préférable que de garder le silence, mais ce n'est pas la même chose qu'un travail d'élaboration avec un psychanalyste dont tout le monde n'a pas besoin. Dans l'exemple que nous avons pris, c'est aux parents, plus qu'aux enfants ou au psychanalyste, qu'il revient d'en parler. Ce qui se travaille chez le psychanalyste est d'un autre ordre et ne doit pas permettre au père ou à la mère de se défausser de cette parole parentale qui peut l'encombrer et lui faire peur.

Cette tendance de recourir à quelqu'un qui sait ne se retrouve pas uniquement dans le cas du divorce. Il suffit d'une observation de la maîtresse ou de toute autre personne s'occupant de l'enfant (« enfant un peu timide », « comportement agressif », « des difficultés à s'affirmer », « propension à l'insolence »...) pour que les parents appellent un « spécialiste ». Ils le font aussi dès lors que l'enfant leur paraît un peu trop colérique, ou s'il fait pipi au lit au-delà de l'âge limite lu dans les livres. Dans ce recours au « technicien », ce qui s'exprime, c'est l'angoisse des parents à être confrontés aux difficultés de leur enfant et à la remise en question qu'elles impliquent. Tout ce qui est considéré comme un symptôme est interprété tel un malaise et vient mettre fin au fantasme de l'enfant parfait. Comme on confie sa voiture au garagiste, on confie son petit au psychanalyste ou au psychothérapeute, à charge pour lui de régler le problème devant lequel on se sent impuissant. Ce comportement peut isoler le symptôme plutôt que de le considérer dans son contexte émotionnel comme un message – le symptôme peut ainsi être pour l'enfant un moyen de mettre un frein aux fantasmes et aux attentes insoutenables de ses parents à son égard. Le travail consiste alors à tenter de trouver une solution au sein de la famille. Le recours à la consultation ne doit pas devenir un moyen pour les parents soit de se désengager, soit d'attendre une solution magique.

Il faut ici répéter qu'il n'existe pas une solution unique et idéale pour tous. L'éducation est en lien avec un système de croyances, de valeurs, et chaque famille a les siennes : on ne peut donc pas, sous peine de ridicule, donner les mêmes conseils à une famille plutôt souple et à une autre plus stricte. Si tous les enfants ont les mêmes besoins – manger, boire, dormir, etc. –, chaque famille a une logique qui lui est propre et il peut y avoir des éducations réussies dans des cadres très différents.

La vie ne s'apprend pas dans un manuel de savoir-faire et les relations humaines ne sont pas comparables à des recettes de cuisine. Voilà pourquoi tous les « how to do » à l'américaine ne résoudront pas nos interrogations et nos doutes, pas plus qu'ils ne nous donneront les clés de la réussite des relations familiales.

### *L'école et les parents : « Je t'aime, moi non plus »*

S'ils confient volontiers leurs enfants à des spécialistes ou à des institutions, les parents sont d'une grande ambivalence vis-à-vis de ceux qui s'occupent de leurs petits, à commencer par l'école. Les relations toujours plus difficiles avec les enseignants en témoignent. Celles-ci jouent sûrement un rôle important dans le malaise de l'école aujourd'hui.

Dans cette relation triangulaire (parents-enfants-enseignants), les parents semblent avoir du mal à laisser à une tierce personne un droit de regard (ou de jugement) sur leur enfant. Ils ne supportent pas que celui-ci soit soumis à une influence autre que la leur, ni qu'il soit sanctionné. Lorsque survient un problème scolaire, ils sont souvent portés à voir les enseignants comme des ennemis dont il faut protéger leur enfant. L'école est vécue au mieux comme contraignante, au pire comme persécutrice parce qu'elle oblige les parents à « céder » à une loi institutionnelle, supérieure à celle qui prévaut au sein des familles, royaumes autonomes fonctionnant sur des règles qui leur sont propres : l'école nous confisque nos enfants en introduisant de « l'autre » en lui.

Tout se passe comme si les parents réclamaient de pouvoir confier l'éducation de leur enfant à un tiers, à condition qu'il soit un prolongement de leur propre façon de voir, niant par là même précisément cette fonction séparatrice. En témoigne la relation avec les spécialistes quels qu'ils soient : on va les voir parce qu'on n'a pas la réponse à un problème donné, mais le fait de les choisir nous redonne un peu de maîtrise sur la situation. Seulement l'école, et tout particulièrement l'école laïque, n'est pas un choix, ce qui explique sans doute la rivalité entre parents et institution, illustration de la difficulté actuelle à supporter que le modèle de la République puisse entrer « en concurrence » avec le modèle familial qui est laissé au libre arbitre de chacun. On peut d'ailleurs voir les récents débats sur le port du voile à l'école comme une expression exacerbée de ce rapport. C'est ici la loi islamique qui entre en conflit avec la loi républicaine, une décision de l'ordre du privé (le choix de la religion) avec une décision de l'institution, montrant la résistance à se soumettre à une loi collective qui s'imposerait au détriment de la loi familiale. La situation semble quelque peu différente dans le cas de l'école privée, les parents retrouvant la possibilité d'un choix, et donc d'un semblant de maîtrise, dont la participation financière est le symbole. Les raisons du choix de l'école privée ont changé : jadis il s'agissait surtout d'une décision en rapport avec l'éducation religieuse, alors qu'aujourd'hui c'est pour le bien-être des enfants. Cela souligne le passage d'un culte du religieux à un culte de l'enfant. En dehors de la qualité de ces établissements, ce choix révèle aujourd'hui de nouvelles préoccupations chez les parents d'élèves : cela permet de conserver un droit de regard, les parents ayant souvent plus facilement des contacts avec le corps enseignant. C'est toute l'ambiguïté du rapport entretenu avec ceux qui s'occupent de notre progéniture : ils savent mieux que nous, car ils sont professionnels, mais si ce savoir ne correspond pas à notre vision de l'enfant nous l'attaquons. Nous avons besoin de leur aide mais ne supportons pas leur intervention, vécue comme une intrusion dès qu'elle ne correspond pas à nos besoins.

La mère d'Alma vient me demander conseil : sa fille de trois ans termine sa première année de maternelle, mais la maîtresse a mis les parents en garde car la fillette n'en fait qu'à sa tête et ne s'intègre pas à la vie de la classe.

La maman m'explique qu'Alma est une petite fille très vive et, pour illustrer son propos, me raconte qu'il y a un an, un jour où elle lui demandait de mettre son manteau, celle-ci avait répondu : « On ne parle pas à Alma comme ça, idiote. » Ce « sens de la repartie » fait sourire sa mère qui n'y voit aucun problème, pas plus qu'elle ne voit la nécessité de fixer des règles strictes à sa fille. En fait, elle ne consulte pas parce qu'elle s'inquiète de l'attitude d'Alma, mais parce qu'elle voudrait trouver une école qui corresponde mieux à sa vivacité. Comme elle ne peut envisager une seule seconde de remettre en question le comportement de la petite, elle préfère la faire changer d'établissement. Pour cette maman, le problème, ce n'est pas l'attitude d'Alma, mais l'école qui ne sait pas s'adapter à celle-ci. D'une part elle s'identifie à sa fille, dans une alliance contre l'institution scolaire (nous sommes spéciales et n'avons pas besoin de respecter les règles de tout le monde). D'autre part cette mère vient consulter : c'est aussi une adulte responsable qui a entendu ce qu'a dit la maîtresse. Le travail consiste alors à faire prendre conscience à cette femme de la contradiction dans sa demande car l'admiration devant les comportements débordants de sa fille ne font que les renforcer. On peut même dire que la fillette se met en scène pour susciter ce regard épaté chez sa mère, mais à quel prix pour elle ? En ce sens l'école vient jouer le rôle d'épreuve de réalité dans ce couple mère-fille : il existe un cadre à respecter. On sent ici toute l'ambivalence face à ce tiers raisonnable qui pose des limites, mais dont inconsciemment elle sait qu'elle a besoin.

La peur de ne pas réussir joue aussi un rôle important dans ce domaine. Notre rapport à l'école reflète notre rapport à l'enfance : nous avons peur de confronter nos enfants à l'échec, car ce serait notre propre échec. Parce que nous avons du mal à supporter les failles et les fragilités de nos petits, nous ne leur permettons pas de se former en ratant. D'un côté, il existe un discours qui relativise la réussite, de l'autre, on trouve le désarroi devant le flottement ou la déconvenue. Pour sortir de ce dilemme on fait souvent appel à des solutions alternatives comme en témoigne le succès de certaines écoles parallèles – Montessori [1] pour ne citer qu'elle. Mais cela repose sur un malentendu : les parents souhaitent une éducation avec une plus grande liberté d'esprit, mais ils ne se rendent pas compte que ces écoles aussi sont très structurées – même si la structure et les exigences sont différentes. Ici comme ailleurs, l'apprentissage ne peut se faire qu'en respectant un minimum de contraintes.

Le problème est d'autant plus confus que la sphère affective a pénétré jusque dans nos écoles. Des enseignants, nous attendons qu'ils aiment eux aussi nos

1. Pédagogie « ouverte » créée en 1907 par Maria Montessori et fondée sur le rythme développemental spécifique de chaque enfant.

enfants – ce qui est source de malentendus et nous pousse à les considérer comme des rivaux. Curieuse exigence, quand on sait que les professeurs ne sont pas là pour dispenser du sentiment, mais un savoir – qui n'excluent pas d'ailleurs de vraies rencontres entre élève et professeur. Trop souvent, on confond pédagogie et sentiment. Il existe, il est vrai, des professeurs qui savent soutenir les acquisitions de leurs élèves, accordant à chacun l'attention qu'il mérite, mais cette relation n'a rien à voir avec un quelconque engagement affectif ; elle repose justement sur un savoir-faire de pédagogue. On pourrait même dire que l'un des rôles essentiels des enseignants est de permettre à l'enfant de faire l'apprentissage d'une relation qui ne soit pas fondée sur l'amour, mais principalement sur la transmission de connaissances.

*Les buts de l'éducation : excellence ou plaisir ?*

Quels sont les buts d'une éducation ? La question qui paraît évidente est pourtant souvent esquivée. Si elle nous paraît aller de soi, c'est parce que tout parent devrait savoir ce qu'il veut transmettre (valeurs, croyances...). Pourtant, nous vivons aujourd'hui dans le relativisme (tout se vaut ou presque) et une espèce de communautarisme psychique et moral. Les parents ont de ce fait toutes les peines du monde à affirmer ce qu'ils pensent être juste et bon, car ils redoutent de surcroît d'influencer leur enfant qui, on l'a vu, porte en lui tous les possibles, et dont il ne faut surtout pas brider la fabuleuse inventivité. Il se trouve pourtant que l'école, c'est encore son rôle, transmet non seulement des connaissances mais aussi certaines valeurs – le respect de l'autre par exemple – qui sont parfois difficiles à faire passer lorsque c'est la première fois que les enfants en entendent parler. Tout parent serait pourtant d'accord pour reconnaître le respect de l'autre comme une valeur fondatrice. Mais parce que les familles sont de plus en plus isolées et petites, elles offrent de moins en moins aux enfants une vie en communauté où l'on fait l'apprentissage des règles de vie à plusieurs ; la famille apparaît davantage comme la coexistence de plusieurs individus. Un exemple significatif est la disparition progressive du repas pris en commun : il n'y a plus d'horaires fixes, plus de menu établi, chacun étant libre de manger ce qu'il veut quand il veut. Ainsi ce moment partagé, avec ses contraintes, ne joue plus son rôle de catalyseur de la famille. Quand les jeunes enfants arrivent en classe et doivent supporter des règles communautaires, ils y adhèrent difficilement, faute d'y avoir été confrontés.

D'autre part, l'éducation suppose d'avoir un projet pour son enfant. Mais les parents d'aujourd'hui s'en défendent, toujours dans le but proclamé de préserver le libre arbitre de l'enfant et de lui permettre de faire seul ses choix, en lui laissant toujours croire qu'il peut tout faire. Ce que l'on dit moins, c'est qu'avoir un projet oblige à se positionner par rapport à son enfant, exposant le parent inévitablement au risque de se voir rejeté et de faire face à un éventuel échec narcissiquement insupportable.

Doit-on donner à son enfant le sens de l'excellence ou le sens du plaisir ? Tel est le dilemme auquel les parents sont confrontés. Dans le premier cas, il s'agit d'apprendre à bien faire ; dans le second, d'éprouver du plaisir et de la satisfaction dans ce que l'on fait, sans se soucier du résultat. On sait pourtant que la satisfaction finit par être liée à la performance, car il est difficile d'aimer quelque chose que l'on fait mal. Mais la réussite comme seul but finit par estomper le plaisir. Ainsi un père me racontait-il fièrement que Raphaël, son fils de huit ans, jouait très bien au tennis, parce qu'il était dur avec lui. Un jour où, sur le court, Raphaël s'est mis à faire le clown, son père l'a sermonné vertement, ne supportant pas qu'il ne prenne pas le jeu au sérieux. Pour ce père, seule comptait la performance qui excluait l'amusement et le plaisir.

Tout apprentissage est ardu par nature et il faut un certain temps pour qu'une activité devienne source de plaisir. Bien jouer du piano, maîtriser le basket, le geste précis au judo ou à la danse nécessitent de la peine, des efforts, des « ratages » ; même si, au cours de l'apprentissage, on peut trouver des moments de plaisir, il faut accepter que celui-ci soit différé, qu'il ne survienne qu'après la répétition rébarbative des gammes ou de tout autre technique.

Le grand dilemme de l'éducation repose entre une attente démesurée qui exige des enfants toutes les qualités et l'infantilisme qui refuse l'effort et veut que tout passe par le jeu, comme en témoignent de nombreuses manifestations culturelles qui feraient croire que l'on peut apprendre sans même s'en rendre compte. Il semblerait que, à l'école aussi, on lorgne du côté du ludique pour obtenir des meilleurs résultats. Une nouvelle idéologie semble remettre en cause la notion même d'effort. Faut-il toujours opposer effort et plaisir ? Freud ne disait-il pas qu'il n'y a pas d'apprentissage sans expérience hédonique ? Le plaisir est évidemment essentiel, mais cette satisfaction du travail bien fait n'est pas à confondre avec la facilité. Cette erreur d'interprétation représente sans doute la clé de bien des errements actuels. Aujourd'hui, tant que tout est amusement, il n'y a pas de problème, mais dès lors que les enfants sont confrontés à une difficulté, il faut bien qu'ils puissent fonctionner sur un autre principe que celui de leur satisfaction immédiate. La crise de l'éducation est sans doute liée à une crise des « valeurs ». La liberté semble prendre une grande place dans ce panthéon, mais cela oblige l'enfant à s'inventer sans repères ni références, le confrontant parfois à une angoisse terrible.

*Existe-t-il une éducation sans contraintes ?*

« L'homme est la seule créature qui doive être éduquée[1] », affirme Kant. Parce qu'elle découle de la soumission aux lois, l'humanité ne va pas sans contraintes. « On envoie les enfants à l'école pour qu'ils apprennent à rester assis », dit encore le philosophe. Affirmer une chose pareille aujourd'hui, c'est prendre le risque de soulever un concert de protestations outrées par une vision aussi disciplinaire de l'institution. Quelle est donc la vocation de l'école à présent ? Permettre le développement de l'enfant et la réalisation de soi.

La loi Jospin de 1983 a placé l'élève au centre du système scolaire. Ce qui a été considéré comme une vision progressiste apparaît en réalité comme une perversion de la notion d'éducation et relève davantage de l'idéologie du développement personnel. À cet égard, la loi est représentative de notre rapport à nos enfants : nous sommes confrontés à des enfants rois, à l'échec scolaire et à d'autres problèmes liés à l'absence de limites que l'on s'évertue à résoudre sans jamais trouver de

1. Emmanuel Kant, *Réflexions sur l'éducation*, Vrin, 1989, p. 69.

réponse adéquate, et pourtant ils sont au cœur du dispositif.

L'éducation consiste pour une bonne part à présenter le monde à l'enfant : à travers notre expérience, mais aussi à travers des textes classiques, une histoire, un savoir et des connaissances, qui lui permettent de s'inscrire dans un environnement et un mouvement plus vastes que lui-même. La place centrale que nous lui réservons aujourd'hui est sans doute valorisante d'un point de vue narcissique, mais elle enferme au lieu d'ouvrir : l'enfant, tout entier tourné sur lui-même, ne peut avoir une vue d'ensemble sur ce qui se passe autour de lui et a d'autant plus de mal à se situer par rapport aux autres.

Chaque époque a de l'éducation une conception qui reflète ses préoccupations. Kant distingue ainsi l'éducation intellectuelle de ce qu'il appelle « la moralisation [1] », terme désuet, considéré au mieux comme dépassé, au pire comme réactionnaire. Il est d'ailleurs intéressant de noter que les manuels de psychologie ont remplacé les traités de morale comme supports éducatifs. Lorsqu'un bambin de deux ans jette du sable dans les yeux d'un compagnon de jeux, rares sont les parents qui vont lui expliquer qu'il ne faut pas le faire, sous prétexte qu'il ne faut pas intervenir dans les histoires entre les

1. *Ibid.*, p. 83.

enfants. Tout au plus cherchera-t-on pourquoi il a fait une chose pareille. Dans ce cas, comment l'enfant peut-il apprendre que des choses pareilles ne se font pas ?

Une maman me rapporte que son fils est « intenable » mais, loin d'avoir l'air de l'inquiéter, ce constat semble la remplir d'une certaine fierté (contrairement à la maman de Maxime qui, devant le comportement de son fils, se sentait « nulle »). Elle raconte ainsi que, dans les magasins, le petit garçon se roule par terre si elle ne lui offre pas ce qu'il désire. Lorsque je lui demande pourquoi elle ne lui tient pas tête, elle m'explique qu'elle craint de « casser sa forte personnalité » et ce n'est pas sans un brin d'orgueil qu'elle décrit son fils comme très affirmé et autoritaire.

Comme cette maman, de nombreux parents sont fiers de ce qu'ils croient être une démonstration de puissance, sans doute parce que cela correspond au modèle social dominant. Malmener d'autres enfants, ou même ses parents, devient alors une preuve de force et de caractère qu'on ne veut surtout pas étouffer.

Dans une société qui valorise l'affirmation de soi en tant qu'être unique et singulier, la docilité suscite une certaine méfiance – y verrait-on une marque de faiblesse ? On considère donc comme normal que les enfants s'opposent à leurs parents et à leurs professeurs. « J'ai le droit », répètent certains gamins à tout propos. Mais le droit de quoi ? On confond refus d'autorité et droit de s'opposer. Nous semblons pris dans un paradoxe : comment demander à nos enfants d'obéir aveuglément et, dans le même temps, leur apprendre à réfléchir en développant leur sens critique ? Notre époque de l'individu roi semble oublier que toute société vit sur des principes d'organisation qui consistent à reconnaître des instances supérieures au seul individu.

Pourquoi a-t-on tant de mal à accepter que la contrainte fasse partie de l'éducation ? Parce que l'on a peur, en lui imposant des règles, que l'enfant nous aime moins. On préfère donc déléguer l'autorité à d'autres, comme l'institution scolaire, quitte à leur reprocher par la suite d'être aussi contraignant envers les enfants parfaits qui sont les nôtres. Les parents, eux, ont bien du mal à imposer une discipline qu'en fin de compte ils n'acceptent pas pour eux-mêmes. Sans doute parce qu'ils sont dans une trop grande identification à leur enfant.

# 4.

# La confusion des rôles : l'enfance volée

La nouvelle proximité que nous avons avec nos enfants a parfois des effets indésirables : non seulement nous attendons beaucoup d'eux, mais à force de nous mettre à leur place, soi-disant pour mieux les comprendre, on finit par leur confisquer leur propre expérience.

## « *Je serai un enfant, mon fils...* »

La naissance d'un enfant et l'accession au statut de parent réveillent toujours notre propre enfance et nous conduisent à la revisiter. Ainsi, face à son nouveau-né, la mère a-t-elle tendance à se projeter sur lui, c'est-à-dire à se voir en lui, bébé, plutôt que de voir l'enfant réel qui se trouve devant elle. Mais à trop nous projeter, à trop revivre notre enfance, nous n'investissons plus notre nouvelle fonction de parent, contribuant ainsi à la confusion des rôles et des générations.

Cette fusion-confusion est particulièrement flagrante en cas de problèmes. Même les symptômes des enfants sont usurpés par les parents ! Lorsque je les reçois, certains sont tout de suite prêts à se mettre en cause et à s'accuser de ce qui arrive. Cela part d'un bon sentiment, et la remise en question est parfois nécessaire, mais elle ne doit pas court-circuiter la place de l'enfant : en endossant la responsabilité des problèmes, les parents gomment toute différence entre leur progéniture et eux-mêmes, et la spécificité de chacun. La culpabilité devient alors le moyen de prendre toute la place. Ainsi se trouve-t-on face à des familles fusionnelles dans lesquelles les rôles se confondent, quand ils ne vont pas jusqu'à s'inverser, le père faisant des blagues de potache tandis que son fils ou sa fille le prie de ne pas dire tant de gros mots. À l'adolescence surtout, cette attitude est particulièrement préjudiciable : plus un parent est adolescent, plus le jeune aura de difficultés à vivre cette période intermédiaire, à se situer entre l'enfance et l'âge adulte.

Gilles, quarante-huit ans, a quatre enfants de trois femmes différentes. Son fils aîné, Antoine, vingt ans, vient me consulter pour un problème de dépendance au haschich. Ils arrivent tous les deux vêtus de la même manière : jeans, veste en velours noir, tennis à la mode et tee-shirt à l'effigie d'une star des années 1970 (chacun la sienne, tout de même). Durant le premier entretien, c'est le père qui parle, expliquant qu'il comprend parfaitement que son fils fume de temps en temps, mais cela prend désormais de telles proportions qu'Antoine ne peut plus travailler correctement.

Il paraît clair ici que le père n'a renoncé à rien et tire le tapis sous les pieds de son fils : il jouit de l'expérience de son âge tout en revêtant les signes extérieurs de celui d'Antoine. C'est pourquoi celui-ci ne peut se mesurer à lui et n'a rien à lui opposer si ce n'est son apathie due à la drogue. Faute de pouvoir s'affronter à cette figure paternelle nantie, Antoine choisit, à ses dépens, de démontrer à son père qu'il n'a pas tout réussi puisqu'il a un fils raté. En fait, Gilles s'empare et s'approprie l'adolescence de son fils. Si mon parent est adolescent, qu'est-ce qu'il me reste à moi ? Le conflit est nécessaire, plus encore à cette période de la vie, car il permet de grandir, de se « détacher » de ses parents. Mais pour qu'il y ait conflit, encore faut-il que l'on ne soit pas sur un pied d'égalité avec la génération précédente. Or, cette confusion des générations ne permet pas à Gilles d'être dans une position paternelle ni à Antoine de pouvoir se construire en s'opposant.

*De l'empathie à l'identification*

L'historien de la famille, Edward Shorter, fait de l'empathie et du sacrifice les deux critères du sentiment moderne de l'amour maternel. L'empathie est la faculté de sentir et souffrir avec l'autre ; elle est relativement récente vis-à-vis des enfants, mais devient aujourd'hui excessive, prenant la forme d'une identification. Les enfants se structurent en s'identifiant aux parents, c'est-à-dire en repérant chez eux des traits de caractère, des attitudes, des sentiments qu'ils font leurs. Dès lors que l'adulte inverse le processus, s'identifiant à l'enfant au point qu'il ne peut plus tenir son rôle, il l'empêche de se construire. Cette identification est fondée sur la représentation que se fait l'adulte de l'enfant qu'il a été. En revivant sa propre enfance, il tente alors de la réparer ou se complaît dans la nostalgie. Dans les deux cas, sous couvert de proximité et de meilleure compréhension, il met l'enfant dans l'impossibilité de construire son propre espace psychique.

Prenons l'exemple d'un bambin qui tombe et se met à pleurer. Si le parent lui dit : « Tu n'as pas mal », il l'oblige à nier sa souffrance. Cette réaction, fréquente, est à mettre sur le compte de l'angoisse ressentie devant la douleur et la peine de son enfant, le parent préférant faire comme si elles n'existaient pas. Au contraire, il peut être dans une empathie si forte qu'il a mal pour lui, à tel point qu'il est incapable de le soulager ou de l'aider. Dans les deux cas, il « vole » à l'enfant son propre ressenti corporel. Dans pareille situation simplement ne pas ignorer la petite douleur et, si possible, la soulager serait préférable.

Les parents de Donald, neuf ans, viennent consulter parce qu'ils craignent que leur fils ne souffre. Ce jeune garçon très intelligent a des résultats tout juste dans la moyenne, et c'est cela qui les inquiète, particulièrement le père qui, ému, évoque à demi-mot sa propre enfance, si pénible, refusant d'entrer dans les détails devant son fils. Comme je le fais souvent, je propose de revoir les parents et l'enfant séparément. Au rendez-vous suivant, le papa de Donald parle plus librement des problèmes de ses jeunes années, entre un père violent et une mère alcoolique. Il avait lui-même du mal à l'école, était considéré en échec scolaire et aurait bien voulu que ses parents prennent le temps de comprendre pourquoi il travaillait mal et de l'aider. Le chemin pour s'en sortir et réussir professionnellement a été long et ardu et il craint que son fils ne se heurte aux mêmes difficultés que lui. Après tout, si celui-ci n'obtient pas les résultats que l'on pourrait attendre étant donné son intelligence, c'est peut-être parce qu'il est en souffrance ?

Le père se défend de vouloir projeter sa propre histoire sur son fils mais, pourtant, il ne peut s'empêcher d'imaginer que Donald vit les mêmes souffrances que lui, croyant reconnaître chez son fils ses propres angoisses d'enfant. Je lui fais remarquer qu'il semble avoir du mal à évoquer ce passé douloureux devant son fils, ce qu'il confirme. Nous avons donc travaillé sur ce qu'il pouvait partager de sa propre enfance avec Donald, afin que celui-ci puisse s'identifier à lui dans des aspects peut-être plus positifs. Pour cet homme, ce fut une double découverte : il pouvait communiquer avec son fils et il se rendait compte que dans son passé à lui tout n'était pas si noir. Cerner la demande initiale et la définition du problème semblait important. Le père de toute évidence est très différent de son propre père, pourtant il a peur que son fils ne soit comme lui. Il était en retrait vis-à-vis de cet enfant ayant presque peur de le « contaminer ». Du coup, il ne lui parlait pas, restait silencieux sur son passé, comme pour l'en protéger. La projection avait pris le pas sur le partage. La trop grande identification du père à son enfant l'empêchait de le voir comme il était réellement, avec des difficultés, des ressentis et des expériences qui n'étaient pas forcément semblables aux siens.

Cette identification excessive est encore à l'œuvre quand des parents veulent à tout prix faire profiter leurs enfants de leur expérience. Le désir semble pourtant légitime, et renvoit au besoin de transmettre.

*La crise de la transmission*

Mais que doit-on transmettre ? Des idées, des valeurs, une culture, certainement. Peut-on transmettre des ressentis sans risquer alors des relations fusionnelles, voire confuses ? En effet, si tout parent a le devoir de protéger son enfant, ce devoir peut prendre des formes exacerbées : on lui interdit de faire certaines expériences, sous prétexte que pour nous elles ont été douloureuses. De façon paradoxale on peut y voir l'expression de pulsions destructrices puisque, pour soi-disant le protéger, on l'empêche de vivre et d'exister par lui-même. Il s'agit alors de défendre l'enfant de soi-même, de ce soutien et cette sollicitude parfois si pesants.

Ce souci d'effacer toute difficulté à nos enfants et le besoin de les protéger qui l'accompagne peuvent nous conduire à des comportements lourds de conséquences. Ainsi choisit-on parfois de taire certains événements familiaux qui seraient à nos yeux susceptibles de traumatiser les petits. Ce que l'on appelle les secrets de famille induit pourtant des effets à long terme et « ressurgit » souvent sous forme de symptômes. La protection revendiquée peut alors devenir d'une violence inouïe : en décidant de cacher à l'enfant certains événements de la vie, les parents s'accaparent une partie de son histoire dont ils le privent. Tout comme l'idéologie de la transparence que nous avons dénoncée, le secret est une façon de dérober à nos bambins ce qui leur appartient. Nous nous identifions tellement à eux que nous finissons par vivre et ressentir les choses à leur place, les empêchant de se construire.

Le nouveau rapport au temps a une influence directe sur la notion même de transmission. Se pose alors la question : comment élever nos enfants dans une société qui se situe par rapport à elle-même, où l'individu constitue sa propre fin ? Cette identification à nos enfants possède bien évidemment des aspects positifs – elle nous aide parfois à mieux les comprendre –, mais ce qu'elle révèle doit être interrogé. Nous vivons en effet dans la nostalgie de notre propre enfance, comme si elle était un objet figé que l'on peut retrouver. Dans *À la recherche du temps perdu,* Proust cédait déjà à ce penchant, mais il ouvrait sur une prise de conscience : le passé subsiste toujours en chacun de nous, mais évanescent, intérieur, sans cesse revu et retravaillé. Il nous façonne et nous accompagne mais on ne peut jamais le capturer. Il faut savoir parfois s'en souvenir sans vouloir nécessairement le recréer. Aujourd'hui le passé n'est plus un support qui nous donnerait envie de grandir afin de réaliser nos projets ; idéalisé par la distance, il est un temps de référence que l'on cherche à revivre en permanence.

Paradoxalement, deux mouvements se rejoignent : l'affirmation d'un présent intemporel qui ne devrait rien au passé et la nostalgie croissante pour un passé merveilleux parce qu'il n'est plus. Cette nostalgie se traduit par exemple dans ces « soirées de filles » entre mères de famille, moments de régression organisée qui permettent de se croire encore adolescentes. Le marketing ayant bien flairé ce goût de la nostalgie, nous avons l'embarras du choix pour revisiter l'histoire de notre jeunesse : dans les compilations des vieux tubes des années 1960, 1970 et 1980, ou dans la mode vestimentaire, chaque nouvelle année apportant une tendance qui est l'exacte réplique de celle des décennies passées. Désormais, quand les mamans entrent dans un magasin de vêtements pour leurs filles, elles y retrouvent les articles qu'elles ont elles-mêmes convoitées enfants. Elles peuvent les leur offrir et se les offrir à elles aussi : tee-shirts Petit-Bateau, porte-monnaie Hello Kitty, tennis Converse... Double satisfaction pour la mère : elle est femme, avec les moyens de s'acheter ce qu'elle veut, et elle a le plaisir de l'enfance retrouvée. En elle, ce sont à la fois l'adulte et l'enfant qui sont satisfaites. Entre cinq et cinquante ans, les filles et les femmes sont toutes habillées de la même façon. Les générations commencent à se confondre, du moins dans les apparences. Mais les filles ne veulent pas s'habiller comme leurs mères déguisées en enfants, et se changent en Lolita, jouant à la caricature de petite femme quand la mère joue à la caricature de petite fille.

On a toujours puisé dans le passé pour en faire une source d'inspiration permettant d'inventer le présent : la Renaissance avait pour modèle la Grèce antique, les Romantiques redécouvraient le Moyen Âge... Aujourd'hui, il ne s'agit plus de s'inspirer d'une culture révolue : l'époque de référence est devenue notre propre enfance. Nous fétichisons notre passé d'individu. Notre temps est devenu circulaire, n'offrant plus d'ouverture sur l'avenir.

*La disparition du futur et le refus de la transmission*

Dans une enquête récente, un grand hebdomadaire féminin interrogeait les femmes sur leur vie, leurs priorités, leurs goûts. Pour une grande majorité d'entre elles, les enfants représentent la clé du bonheur. Il est frappant de voir que cela coïncide avec la totale désaffection pour la politique : seules 1 % d'entre elles voudraient adhérer à un parti. La politique qui suppose une vision globale et une inscription dans la cité semble pâtir de ce recentrage sur les enfants et la famille, vécue aujourd'hui comme une extension de notre moi, au lieu d'être la prolongation de la vie publique. On n'est évidemment pas obligé de voir un lien de cause à effet entre le recentrage sur les enfants et la famille et la désaffection pour la politique. Ce qu'il faut souligner, c'est qu'aujourd'hui on cherche à se changer soi plutôt que le monde qui nous entoure. Cela pourrait être le signe d'un progrès et d'une sagesse (se changer soi pour mieux changer le monde), mais nous pouvons aussi l'analyser comme un désintérêt pour tout ce qui n'est pas notre environnement immédiat. Notre grande cause, ce sont nos relations intimes : le couple, les enfants, la famille et non plus des combats pour améliorer la société. Ce faisant, n'avons-nous pas perdu quelque chose de précieux ? Cette attitude contribue à modifier notre rapport au temps : on ne s'inscrit plus dans la continuité de l'histoire, mais dans un présent perpétuel.

Le plus beau compliment que l'on puisse adresser à un adulte aujourd'hui est qu'il ne fait pas son âge – plus exactement qu'il paraît moins que son âge. Les années ne devraient laisser aucune trace sur les visages, comme si nous ne pouvions être fier de ce temps passé et de tout ce qu'il nous a apporté.

Cette hantise de vieillir est à mettre en rapport avec l'idéalisation de l'enfance dont elle est l'un des avatars. Si notre société a tant de mal à accepter la vieillesse, c'est qu'elle est « incapable de puiser quelque réconfort dans l'identification à la continuité historique, [...] d'accepter le fait qu'une nouvelle génération possède maintenant une bonne partie des précieuses satisfactions que donnent la beauté, la richesse, le pouvoir et particulièrement la créativité [1] ». Puisque la jeunesse possède désormais

1. Christopher Lasch, *op. cit.*, p. 73.

toutes les vertus, comment supporter d'être vieux, à défaut moins jeune ?

La peur de vieillir nous interdit de nous projeter dans le futur, nous donnant ainsi l'illusion de rester dans un éternel présent. Exactement comme des enfants, nous avons toutes les peines du monde à envisager les conséquences de nos actions. « Une société qui croit ne pas avoir d'avenir est peu portée à s'intéresser aux besoins de la génération montante. [...] Dans la perception d'une société sans avenir se glisse l'incapacité narcissique de s'identifier à sa postérité et de participer au mouvement historique[1]. » Quand nous nous prétendons entièrement tournés vers nos enfants, et préoccupés par eux, il se pourrait bien que nous ne soyons finalement préoccupés que de nous-mêmes. Alors, la crainte de vieillir n'apparaît plus liée au seul culte de la jeunesse, mais à un culte du moi qui vit toujours dans l'instant et dans l'illusion de sa toute-puissance.

*They fuck you up your mum and dad,*
*They may not mean to but they do,*
*They fill you with the faults they had*
*An add some extra just for you*[2].

1. *Ibid.*
2. Philippe Larkin, « This be the verse », *High Windows*, Faber and Faber, 1979.
« Ils te pourrissent, ta mère et ton père, / Ils ne font pas exprès, mais c'est quand même ce qu'ils font, / Ils te donnent tous leurs défauts / Et en ajoutent quelques-uns, spécialement pour toi. » (Traduction de l'auteur.)

La transmission n'est plus à l'ordre du jour. La génération de Mai 68 s'est construite sur la rupture avec les aînés, rupture d'autant plus radicale qu'elle refuse de reconnaître la dette qu'elle avait envers eux, toute dette étant par définition négative à ses yeux. Aujourd'hui encore, nous vivons dans cette illusion d'une génération spontanée qui, s'étant en quelque sorte auto-engendrée, ne doit rien à personne. Ainsi, non seulement nous n'avons plus d'avenir, comme on l'a vu, mais le passé nous fait aussi défaut. Et sans héritage, nous n'avons plus rien à transmettre. La transmission reste pourtant, selon nous, un principe important et fondateur qui ne peut reposer uniquement sur l'amour. Psychiquement, l'inscription dans l'ordre des générations est essentielle : elle structure les repères temporaux de l'individu, elle reconnaît la succession des âges de la vie qui ont chacun leur spécificité ; elle développe la capacité à différer la satisfaction et à accepter la frustration, mais aussi à renoncer à certains plaisirs pour en atteindre d'autres.

Nous refusons aujourd'hui la notion d'héritage, comme s'il ne s'agissait que d'un acte notarial auquel on peut se soustraire dès lors que les passifs dépassent les actifs. Mais les biens matériels ne suffisent pas à définir ce qu'est un legs. La notion d'héritage, plus complexe, renvoie à un système de valeurs qui sont transmises et que l'on reçoit des générations précédentes. Que nous acceptions ou refusions ces valeurs ne change rien au fait qu'elles nous définissent – puisque nous nous définissons avec ou grâce à, mais aussi contre ou en opposition à. Nous avons du mal à nous faire à l'idée que nous ne sommes qu'un lien dans la chaîne de l'histoire, puisque nous voulons et croyons nous être inventés nous-mêmes. Reconnaître la transmission, c'est faire preuve d'humilité en acceptant la dette que nous avons vis-à-vis des générations passées. C'est instaurer un lien et se placer dans un contexte qui limite notre importance.

Chacun tente de se construire aujourd'hui en dehors de tout lien, générationnel ou culturel. La parthénogenèse est notre mythe actuel : ne rien devoir à personne, se créer soi-même, faire de sa vie son œuvre. Mais comment dans ces conditions maintenir le lien entre les générations ? Nous sommes pris entre l'envie de rejeter la responsabilité de nos échecs et de nos errements sur la génération précédente et des fantasmes d'autosuffisance. L'aspiration à l'autonomie totale est pourtant à comprendre comme une réaction à une dépendance absolue. Plus on a du mal à être autonome et peur d'être dépendant, plus on fanfaronne en proclamant n'avoir besoin de personne. Ce besoin de l'autre, naturel, devient dangereux et angoissant lorsqu'il est trop fort. Ainsi se mettent en place des mécanismes de défense contre cette dépendance qui ne font qu'en révéler l'ampleur.

L'humanisme moderne a tendance à déresponsabiliser l'homme en trouvant sans cesse des excuses à ses actes : la société, la famille... Le groupe devient ainsi siège de la responsabilité et, ce faisant, du libre arbitre. La société s'exprime dans l'individu, rendant du même coup tout ce qu'énonce celui-ci intéressant, sans qu'interviennent ni hiérarchie ni jugement de valeur ou moral. Toujours ce double mouvement qui semble contradictoire : d'un côté, « je suis ma propre création », de l'autre, « si quelque chose ne va pas dans ma vie, c'est la faute de mon père, de mon professeur, ou de la société ». On oscille entre une position de grandeur où l'on ne doit rien à personne et une position d'irresponsabilité – « ce n'est pas de ma faute, c'est de la sienne ». Sur le divan, nombre de patients cherchent ainsi « l'événement traumatique » qui serait à l'origine de leur mal-être. Le plus souvent, il n'y en a pas et leur déception est grande en découvrant que rien de particulier ne leur est arrivé qui viendrait expliquer leurs maux, que ceux-ci n'ont pas une cause identifiable mais sont inhérents à la condition humaine. Déception enfin de réaliser que le travail analytique ne consiste pas à attribuer des fautes et à désigner des responsables, mais à démêler sa propre construction psychique pour mieux assumer la responsabilité de sa vie.

« Qui suis-je ? » se demandait sans cesse l'un de mes patients. Ni le fait d'être le fils de son père, ni son métier, ni sa relation aux autres ne le déterminaient. Se construisant en dehors de tout lien, qu'est-ce qui pouvait le définir ? « Le psychisme comme pouvoir dévolu à chacun de rompre le cordon de ses appartenances », disait Levinas : c'est un espace interne propre à chacun qui permet d'échapper au déterminisme. Nous sommes prêts à rompre les amarres, mais pour aller où ? À partir de quoi construire son identité ? Quel travail ardu pour s'inventer à partir de rien ! Ce culte de l'individu auquel nous assistons actuellement a des implications psychiques. Cette centration sur soi révèle une forme de violence : parce que l'on fait de soi un objet, on néglige sa descendance.

Comme nous l'avons vu, derrière le souci de ne rien imposer à sa descendance, les parents d'aujourd'hui refusent de transmettre pour ne pas avoir à céder la place à leurs enfants, et se maintenir ainsi dans l'illusion d'un présent éternel et d'une jeunesse non moins éternelle ; les enfants quant à eux refusent de prendre le relais des parents pour ne rien devoir à personne. Ces revendications d'autonomie et d'indépendance cachent en réalité une grande dépendance dans laquelle les niveaux générationnels sont escamotés. Ne donnant pas à leurs enfants la place qui devrait être la leur, les parents les maintiennent dans l'immaturité, ne leur donnent pas la possibilité d'être dans une position active et les condamnent ainsi à rester d'éternels enfants. Leur tendance à idéaliser leur passé ne fait qu'invalider le présent, et les empêche de trouver des repères pour leur génération et celle de leurs enfants, dont la vie et l'histoire semblent finalement avoir moins de prix que les leurs. Ce qui seul compte, c'est d'exister dans l'immédiat.

### *Le développement de soi : un serpent qui se mord la queue*

Le développement personnel dont on parle tant aujourd'hui passe paradoxalement en grande partie par les autres, c'est-à-dire par la famille et les enfants. Mais l'investissement dont ils sont l'objet est narcissique et non plus social : nous ne les préparons plus à explorer le monde, mais nous les fabriquons pour qu'ils soient nos compagnons et, mieux encore, nos miroirs. En principe, le parent est là pour servir en quelque sorte de rampe de lancement à l'enfant, pour constituer un socle et un appui qui vont lui permettre de prendre peu à peu son envol. Cela suppose qu'il fasse preuve d'une certaine stabilité, même s'il doute par ailleurs dans d'autres domaines de son existence. Or, on ne peut plus tenir cette fonction essentielle si l'enfant est notre partenaire, car on se met face à lui dans une position de similitude et de réciprocité qui l'empêche de grandir. L'enfant qui représentait jadis l'avenir, l'horizon de nos vies, se retrouve ainsi enfermé, prisonnier de nos projections.

La culture du soi a pris la place du politique. On en arrive aujourd'hui à cette situation folle où faire une psychanalyse tient lieu d'engagement politique, même si la psychanalyse et le développement personnel sont heureusement bien distincts : ce que nous soulignons ici, c'est le rôle dévolu au travail sur soi dans nos sociétés.

Quand d'autres s'appliquaient jadis à bâtir des cathédrales, nous nous concentrons aujourd'hui sur la construction de notre moi. L'œuvre n'est plus commune mais individuelle, elle se limite à une vie quand auparavant elle s'étendait à plusieurs générations et ne laisse aucune trace à la postérité.

Le développement personnel, « marque de ceux qui ne croient plus en rien[1] », est apparu dans les années 1960. Renforcer son psychisme – celui-ci, comme le cerveau, est considéré tel un muscle. Il suffit de pratiquer quelques entraînements – et construire son moi, mû par un souci d'authenticité, érigée en valeur suprême, voilà le projet. Mais cela suppose d'une part un éloignement du politique car l'engagement dans la cité constitue une sortie de soi, et d'autre part un détachement du passé qui n'est plus perçu comme une référence indispensable. La génération présente devient ainsi son propre objet d'étude et, au lieu de s'inscrire dans un temps qui se déroule, c'est le psychisme, intemporel, qui occupe les

1. Christopher Lasch, *op. cit.*, p. 84.

esprits. Cet intérêt tautologique a pour effet la perte de sens de la continuité historique et donne naissance à « un intérêt transcendantal pour soi-même[1] ». Voici venu le règne de l'ici et maintenant, dans lequel nous devenons nos propres enfants, nous choyant comme si nous nous étions mis au monde.

C'est l'écrivain et philosophe américain Waldo Emerson qui, au XIX^e^ siècle, a le premier laissé entrevoir que l'on pouvait échapper au passé. Pour lui, nous sommes les héritiers de l'univers, non de l'histoire, l'homme s'inscrivant toujours dans la nature, idée que nous avons balayée dans un anthropocentrisme dont on commence à mesurer les effets. Ainsi qu'il s'agisse du refus de l'histoire ou du refus de la nature, c'est la toute-puissance de l'humain qui est mise en avant aux dépens de l'environnement et de la conscience historique. Quel paradoxe que l'humanisme, dont le projet depuis la Renaissance est de mettre l'homme au centre du dispositif de pensée, puisse aboutir à de telles absurdités.

Au XIX^e^ siècle encore, le romantisme commence à valoriser la sincérité et l'authenticité, effaçant peu à peu la différence entre personnage public et personnage privé : il faut toujours s'exposer – mais comment sait-on quoi exposer. Cette époque voit se développer le rejet d'un jeu social qui marque un détachement trop grand

1. *Ibid.*, p. 32.

par rapport à soi-même. « La conversation prend un caractère de confession » et « la politique dégénère ainsi en une lutte, non pour le changement de la société mais pour la réalisation de soi ». Ce qui est désigné sous le terme d'« idéologie de l'intimité »[1], qui croit rapprocher les êtres entre eux (mieux ils se dévoilent, mieux ils peuvent se connaître et s'aimer), fait pourtant fausse route, et, dans la réalité, c'est l'égoïsme et l'égocentrisme qui gagnent du terrain. Paradoxalement, l'intérêt pour l'intime n'annonce pas son triomphe, mais son effondrement : ce n'est plus un individu que l'on présente au monde, mais un processus de construction sans fin dans lequel les failles et les doutes sont mis en avant, au détriment de toute réalisation.

En témoigne une certaine littérature qui illustre cette nouvelle place accordée au sujet dans nos sociétés : ce n'est plus seulement l'individu mais son intériorité qui sont mis en avant. On est passé d'une utilisation de soi-même pour éclairer et comprendre le psychologique à une autopromotion narcissique dans laquelle l'auteur se raconte se racontant. Le mouvement de l'autofiction, dont Serge Doubrovsky apparaît comme le précurseur, a aujourd'hui de nombreux représentants. La mise en abyme perpétuelle de leur vie par les écrivains a d'ailleurs donné quelques chefs-d'œuvre majeurs, ceux de Philip

1. Christopher Lasch, *op. cit.*

Roth notamment ; mais dans bien des cas, on aboutit à un système d'autoréférence souvent étouffant, où l'ouverture au monde se réduit à un nombrilisme complaisant.

À l'âge de cinquante-deux ans, l'écrivain anglais Martin Amis entreprend d'écrire ses Mémoires. Pour justifier l'entreprise un peu précoce, il explique : « Nous vivons une époque de locacité de masse. Nous l'écrivons tous ou, du moins, nous en parlons : les Mémoires, l'apologie, le CV, le cri du cœur. Rien pour l'instant ne peut se mesurer à l'expérience – si authentique [...] et distribuée de façon si libre et si démocratique. L'expérience est la seule chose que nous partageons équitablement, et tout le monde le sent. Nous sommes entourés de cas particuliers, de plaidoyers particuliers, dans une atmosphère de célébrité universelle [1]. » *Expérience* traite de cette tentation phénoménologique de s'attacher à tout vécu. Son intérêt réside dans la capacité de l'écrivain à transcender ses expériences par le verbe, dénonçant ainsi ce qu'il affirme au début de son ouvrage. « Écrire sur des écrivains, écrire sur l'écriture : ce retour compulsif sur soi [2] », vertige d'une conversation où l'on s'analyse sans cesse et sans fin, écrit encore Martin Amis à propos de son aîné, Philip Roth.

1. Martin Amis, *Expérience*, Gallimard, 2003, p. 6.
2. « His compulsive self-circlings ».

Mais la stratégie de l'autofiction consiste en fait à s'exposer pour mieux se cacher. Quand, autrefois, les écrivains faisaient part de leur intériorité pour tenter de comprendre les méandres du conflit qui les déchirait, beaucoup aujourd'hui se contentent de s'exhiber, souvent sous leurs aspects les moins reluisants, sans jamais rien dire de leur intimité. Si l'on écrivait hier pour créer un autre niveau de perception, on écrit à présent pour tenter d'exister.

Derrière cette tendance, c'est encore le narcissisme qui est à l'œuvre. Comme le dit Christopher Lasch : « Lorsque le nouveau Narcisse prend enfin conscience qu'il devra peut-être vivre non seulement sans être célèbre, mais même sans "moi", vivre et mourir sans que les autres se soient jamais rendu compte de l'espace microscopique qu'il occupait sur cette planète, il ressent cette découverte non seulement comme une déception, mais comme un coup dévastateur porté à son identité[1]. »

Ce que l'on comprend alors, c'est que le narcissisme est tout l'opposé d'un amour de soi vigoureux. Les psychanalystes le savent bien qui voient se développer depuis un demi-siècle maintenant les pathologies narcissiques : l'affirmation permanente d'un soi grandiose masque en fait une grande fragilité. La dépendance à

1. Christopher Lasch, *op. cit.*, p. 51.

autrui (qui peut s'exprimer dans un besoin de réconfort permanent), la crainte de l'asservissement que cela engendre, le sentiment de vide intérieur, la rage réprimée, la peur de vieillir autant que de mourir, la fascination pour la célébrité sont les caractéristiques d'une personnalité narcissique.

Comment échapper à ce destin ? La culture, au sens large, nous met en lien avec le monde, nous permettant d'échapper à nous-mêmes, de nous dépasser. Pour Emmanuel Levinas, « la relation est le miracle de la sortie de soi [1] ». L'autre permet de s'oublier tandis que « le narcissisme est le désir d'être libéré du désir [2] » qui est aussi désir de l'autre. La relation est utilisée pour conforter une image de soi et non plus comme ouverture sur le monde.

Étrangement l'effet de ce narcissisme prédominant est non seulement le malaise dans la transmission, mais aussi la dépendance accrue car le narcissisme a besoin du regard posé sur lui : les enfants sont devenus ce regard dont on a tant besoin pour se sentir vivant.

1. Emmanuel Levinas, *Difficile Liberté*, Albin Michel, 1976, p. 63.
2. *Ibid.*, p. 297.

*Le renoncement au renoncement*

Si l'enfance est bien l'âge de tous les possibles, où chaque jour apporte son lot de découvertes et d'apprentissage, les réalisations humaines sont toujours le fruit de la maturité. Tout se passe comme si on l'oubliait.

« Quand je serai grand », répétait autrefois l'enfant, rêvant du moment où, comme libéré d'un joug, il pourrait être libre. Aujourd'hui, dès son plus jeune âge, il a le même portable, les mêmes vêtements, partage les mêmes jeux, jouit des mêmes libertés que ces adultes qui s'appliquent à lui ressembler. Quel avantage peut bien représenter pour lui le fait de grandir ? Pourquoi irait-il habiter seul quand il a chez ses parents une chambre avec tous les luxes de la vie moderne, c'est-à-dire ce qui était auparavant les attributs et les atouts de la vie d'adulte ? Comment avoir envie de grandir quand les différences entre le monde des adultes et le monde des enfants vont en s'amenuisant sans cesse ? Le développement implique d'accepter de perdre des privilèges pour pouvoir en gagner d'autres. Ainsi apprend-on peu à peu à renoncer à la toute-puissance infantile, cette renonciation à l'issue du conflit œdipien constituant le socle sur lequel nous nous construisons psychiquement et socialement. À une époque où, vulgarisation de la psychanalyse aidant, on parle volontiers du complexe d'Œdipe, on semble en effet avoir oublié qu'il sert avant tout à se structurer à partir de l'interdit. Ce que met en jeu le conflit œdipien, c'est l'expression du désir de l'objet interdit et le renoncement qu'il implique. L'interdit frustre et rassure à la fois, il est aussi une sorte de marchandage psychique qui structure le désir : si je n'ai pas droit à cela aujourd'hui, je pourrai l'avoir plus tard. En nous complaisant à retrouver notre enfance et en faisant de celle de nos enfants le royaume du « tout est permis », nous empêchons ce travail de renoncement. Nous vivons – et les faisons vivre – dans l'illusion que nous pourrions y échapper. Plus encore que celle des enfants, la toute-puissance infantile que nous observons aujourd'hui est celle des adultes qui refusent de renoncer à leur enfance, se maintenant dans ce que Pascal Bruckner a appelé « l'utopie du renoncement au renoncement[1] ».

Le renoncement est pourtant essentiel car il permet également de s'inscrire dans une temporalité et de distinguer le présent, du passé et de l'avenir. Dans l'ordre naturel du développement, le renoncement permet de nouvelles acquisitions et ainsi les périodes de la vie se succèdent-elles, toujours différentes. Chaque âge, chaque moment de la vie propose toujours des expériences inconnues, mais cette découverte et l'apprentissage qui l'accompagne ne peuvent se faire qu'à condition de pouvoir se départir de quelque chose que l'on avait et que

1. Pascal Bruckner, *La Tentation de l'innocence*, *op. cit.*

l'on accepte de perdre, pour avancer et passer à l'étape suivante. Mais nous vivons actuellement dans l'illusion intemporelle d'un présent éternel : le temps n'évoluant pas, chaque période de la vie serait semblable aux autres.

### *L'enfance fétichisée*

Accepter les changements inhérents à l'âge et aux périodes que l'on traverse est essentiel pour évoluer et progresser. « Être habile, prudent, honnête, sans malice comme l'homme adulte, dans l'enfance, cela ne vaut guère mieux que de conserver une sensibilité enfantine dans l'âge mûr[1]. » Nous sommes loin de l'uniformisation des générations à laquelle on assiste aujourd'hui, uniformisation physique comme on l'a vu, mais aussi uniformisation des façons d'être. Face à un adulte, chacun d'entre nous a pu penser dans sa jeunesse : « Je ne serai jamais comme lui (ou elle), je ne veux pas devenir un "vieux con". » On oublie simplement qu'à trop vouloir effacer les différences entre les générations, on risque d'être un faux jeune ou un « jeune con », ce qui n'est pas plus enviable.

« La nature veut que les enfants soient enfants avant que d'être hommes. Si nous voulons pervertir cet ordre, nous produirons des fruits précoces qui n'auront

1. Emmanuel Kant, *Réflexions sur l'éducation*, *op. cit.*, p. 90.

ni maturité ni saveur, et ne tarderons pas à les corrompre ; nous aurons de jeunes docteurs et de vieux enfants. L'enfance a des manières de voir, de penser, de sentir qui lui sont propres. Rien n'est moins sensé que d'y vouloir substituer les nôtres ; et j'aimerais autant exiger qu'un enfant eût cinq pieds de haut que du jugement à dix ans[1]. » Jean-Jacques Rousseau serait sans doute bien surpris de voir qu'aujourd'hui ce sont les adultes qui envient l'enfance, cherchant à y retourner par tous les moyens possibles. Alors que durant des siècles, elle a été au mieux ignorée, au pire vilipendée, elle apparaît aujourd'hui comme ce « vert paradis » dans lequel chacun aspire à demeurer. En revanche, parce que nous n'en sommes pas à un paradoxe près, nous apprécions que nos bambins aient l'air de petits adultes. Nous nous félicitons qu'ils soient mûrs – ou qu'ils le paraissent –, nous adorons qu'ils reprennent nos mots, nos expressions, nos attitudes... Sans nous en rendre compte, nous allons ainsi dans le sens d'une abolition de la différence entre les âges.

Enfance, époque bénie entre toutes ? Heureuse et innocente par nature, elle serait à préserver à tout prix. La difficulté de grandir, l'immaturité des capacités qui contraste avec les envies, la dépendance et l'obéissance à

1. Jean-Jacques Rousseau, *Émile*, Petits Classiques Larousse, 1999, p. 92.

un monde adulte qui ne vous comprend pas... tout cela semble avoir été oublié, balayé, pour mieux laisser la place à une vision de l'enfance édulcorée, niaise et fausse. L'idéalisation de l'enfance, moment de grâce intouchable et sacralisé, s'illustre dans plusieurs domaines. Notamment le nombre croissant des associations de défense de l'enfant et de ses droits est à interroger dans ce sens. Si leur travail, nécessaire et souvent formidable, n'est pas à remettre en cause, il convient de s'interroger sur ce qui le sous-tend. Risquant d'être corrompu par la vie, la société, les hommes et leur méchanceté, l'enfant, pur par essence, devrait être défendu, protégé. Curieusement, jamais on ne pense qu'il est parfois difficile pour l'enfant de se reconnaître dans ce portrait idyllique. Entre ce qu'il vit et ce qu'on croit qu'il vit, le décalage est parfois vertigineux.

L'idéalisation de l'enfance est encore à l'œuvre dans le domaine de la littérature pour la jeunesse. La production moderne, souvent pédagogique, n'a heureusement pas encore relégué les contes de fées au rayon des souvenirs. Pourtant, ils sont désormais expurgés de leurs éléments les plus violents, comme si cela risquait de heurter nos angelots si purs. Si on lit par exemple la version originale de *Blanche-Neige* des frères Grimm, on découvre que le chasseur ne doit pas se contenter de rapporter le cœur de l'héroïne, mais aussi ses entrailles. L'évocation de ces viscères est sans doute jugée trop

« gore » pour le jeune public de ce début de XXIe siècle... On oublie cependant que les contes mettent en scène des angoisses tout à fait « normales » auxquelles l'enfant est confronté au cours de son développement psychique et qu'ils l'aident à les explorer et à les comprendre. À deux ans, *Blanche-Neige* fait grand-peur, notamment à cause du personnage de l'affreuse belle-mère qui ne fait que traduire en la déplaçant la violence maternelle. Vers trois ans, lorsque l'enfant a pu intégrer que sa mère est à la fois bonne et mauvaise, alors qu'avant il vit celle-ci comme deux personnes distinctes, la gentille et la méchante, il redoute plus que tout de la perdre et sa mort apparaîtrait comme la réalisation de ses propres désirs agressifs à l'encontre de cette mère pas toujours bonne. Les histoires les plus impressionnantes sont alors celles qui mettent en scène cette mort, comme dans *Bambi* ou *Babar*.

Nous devons prendre garde à ne pas stériliser les histoires pour enfants, sous prétexte de les protéger. Elles parlent en effet de l'ambivalence des sentiments et si celle-ci n'est pas reconnue, elle reste beaucoup plus active et peut se retourner contre l'enfant lui-même dans le renforcement d'un surmoi archaïque ou primitif (« je ne dois pas avoir de mauvaises pensées ; si j'en ai, c'est que je suis mauvais... »).

En comparant certaines œuvres « classiques » et d'autres plus récentes, on ne peut qu'être frappé par l'évolution qui existe. Les contes traditionnels explorent les pulsions archaïques et apprennent comment les gérer – les beaux-parents ou d'autres personnages étant toujours là pour faire figure de « mauvais » parents que l'enfant peut détester sans crainte d'être puni. Il n'y a rien de tel dans *Nemo*, par exemple, le dessin animé qui met en scène un jeune poisson. Nemo, lui, est le seul survivant de plusieurs œufs qui se font manger ainsi que leur mère. Il vit donc dans une famille monoparentale, avec son père, qui prend soin de lui, jusqu'à ce qu'il se perde et se fasse prendre, enfermé dans un aquarium, prisonnier mais protégé de tous les autres dangers. Ces dangers, c'est son père qui va devoir les affronter pour retrouver son fils, accomplissant à sa place une sorte de rite initiatique dont le but n'est pas la séparation et la conquête de l'autonomie, mais les retrouvailles familiales. Dans *Nemo*, il n'y a pour ainsi dire pas de méchants (ou ils sont extérieurs à la famille), mais plutôt des dangers ; et le père remplace la mauvaise mère, absente. Les figures parentales, nourrissantes et réconfortantes, ne sont pas craintes. La naissance même de Nemo est un remarquable reflet du monde contemporain. Au lieu de faire partie d'une flopée de petits poissons semblables, Nemo devient unique, exprimant le culte de l'individualisme ambiant.

*La fabrique aux beaux souvenirs*

Une autre illustration de l'idéalisation de l'enfance est la poursuite du bonheur, dès le plus jeune âge. L'un de nos buts est de tout faire pour que nos enfants soient heureux et nous ne ménageons pas nos efforts pour parvenir à nos fins. Mais qu'est-ce qui rend heureux ? Ou, plus exactement, peut-on savoir ce qui rend l'autre heureux ? S'il est une expérience subjective, c'est bien celle du bonheur, qui est aussi contingent et « accidentel », ou à tout le moins éphémère. Mais, comme si nous n'en avions pas conscience, nous nous appliquons à vivre le présent pour qu'il puisse, le temps venu, se transformer pour nos enfants en beaux et bons souvenirs.

Autant dire qu'un enfant parfait est aussi un enfant heureux. Se montrer maussade est souvent mal supporté, les parents voyant dans la mine boudeuse de leur petite merveille la preuve qu'ils échouent à la rendre heureuse. Signe des temps, nombre de consultations ne sont plus motivées par un symptôme préoccupant mais par ce que les parents considèrent comme un manque d'enthousiasme chez leur bambin. Ainsi, j'entends souvent dire : « Il n'est pas content alors qu'on lui donne tout ce qu'il veut. » Le souci du bonheur de l'enfant est devenu tel qu'on ne l'autorise plus à éprouver des moments d'ennui ou d'intensité moindre, vécus comme un échec par les parents qui n'auraient pas su rendre heureux leurs petits.

Comme toujours, l'intention est louable, mais le bonheur obligatoire fait peser une pression parfois intolérable : pour leur faire plaisir, l'enfant se sent obligé de valider les choix de ses parents, mais il n'a plus la possibilité de vivre son désir, ou même l'absence de désir, lorsqu'il se présente. Celui-ci vient jouer les trouble-fête et met en accusation ses parents en les désignant comme incapables de faire son bonheur. C'est le parent qui se sent alors remis en question.

Une mère m'expliquait ainsi qu'elle emmenait chaque année son fils voir les vitrines de Noël des grands magasins, alors qu'elle détestait piétiner dans la foule et le froid. Si elle s'y obligeait, ce n'était pas pour le plaisir de partager ces moments délicieux où les grands yeux émerveillés de son fils allaient découvrir des scènes féeriques, mais pour qu'il puisse avoir plus tard de jolis souvenirs. Comment ce petit garçon pouvait-il vivre ces instants où la joie affichée tentait de dissimuler la contrainte maternelle ? Et quels souvenirs en garderait-il ? En agissant de la sorte, la mère entachait le présent en faveur d'un hypothétique avenir.

À une petite fille qui revenait d'un safari au Kenya avec ses parents, je demandais quel avait été le meilleur moment de son voyage. Les lions ? Les éléphants ? Les nuits sous la tente ? Les clairs de lune sur la brousse ? Non, tout cela avait peu d'importance pour elle, ce qu'elle avait préféré, c'était « la glace au chocolat, parce qu'il y avait un petit parasol dessus » ! Quel décalage entre ce souvenir fabuleux pour l'enfant et ceux que les parents avaient voulu lui offrir, s'efforçant de lui faire vivre des moments particuliers, en espérant qu'elle en garderait une trace indélébile, comme un bagage qui l'accompagnerait toute sa vie. Cet écart entre ce que le parent suppose et ce que l'enfant ressent est parfois tel que le premier trouve souvent le second ingrat, et lui reproche de se conduire en enfant gâté et blasé. Sans doute les parents devraient-ils se demander à qui ils cherchent tant à faire plaisir. À l'enfant ou à eux-mêmes ? Parfois, ils s'astreignent à certaines activités dans l'idée qu'elles pourront être « payantes » et fabriquer les souvenirs merveilleux auxquels leurs enfants ont droit. La notion de devoir, si volontiers récusée aujourd'hui, revient pourtant et s'impose dans notre volonté de prendre du plaisir avec nos enfants. Dès lors que ceux-ci ne vivent ni ne ressentent comme on le voudrait, cela risque de réveiller notre agressivité. « Avec tout ce que nous faisons pour lui... »

Mais les rêves des enfants ne sont pas ceux des parents et les petits ont parfois des envies beaucoup plus simples que les nôtres. Cet écart entre l'éprouvé des uns et des autres s'observe dans toutes les relations humaines. Si on demande par exemple à un couple de raconter les moments forts de son histoire, on est parfois surpris d'entendre deux versions différentes des événements, l'expérience affective de l'un étant rarement celle de l'autre, alors qu'ils ont l'impression d'avoir vécu la même chose. C'est d'autant plus vrai avec nos enfants, à cause de la différence d'âge. Quelle que soit notre bonne volonté, nous ne pouvons fabriquer leurs souvenirs, décider que certains seront bons quand d'autres seront mauvais, car la mémoire est un processus complexe et ce qui fait qu'un événement s'y grave ou non obéit à des paramètres que l'on ne peut contrôler et qui appartiennent à chacun d'entre nous.

En tentant d'imposer le bonheur – ou plus précisément notre vision du bonheur – à nos enfants, nous pervertissons sans le vouloir le rapport au temps : le présent n'a plus de valeur que par comparaison au souvenir qu'il pourra constituer dans le futur. En assignant d'emblée à des moments présents une valeur particulière (celle de beau souvenir à venir), nous risquons de déposséder nos enfants de leur propre expérience. L'enfance n'est pas un objet que l'on fabrique à la place de celui qui la vit et c'est une illusion de croire que l'on peut forger les souvenirs de l'autre. Ces souvenirs échappent à nos projections comme à nos attentes, ils sont un matériau que toute sa vie chacun va retravailler, revisiter, réinventer. À trop vouloir lier le présent et le futur, nous fétichisons le temps, emprisonnant nos enfants dans ce statut sans jamais prendre en compte que ce sont des êtres en développement. À deux, cinq ou huit ans, un enfant n'est jamais le même, pourtant en décidant ce qu'il doit aimer, quel que soit son âge, nous l'enfermons dans des notions préconçues et figées de ce qu'il doit être. Le fétichisme dans lequel on l'enserre devient source d'immobilisme.

Faire plaisir à son enfant, telle est la motivation actuelle de bien des parents. L'intention est louable, mais est-ce un service à lui rendre ? Les parents passent en effet leur temps à se mettre au diapason de leurs petits, à s'adapter à leurs envies. L'organisation des loisirs par exemple est, plus encore qu'influencée, dictée par les désirs de la toute jeune génération. C'est ainsi que le week-end, les parents vont au square faire des pâtés de sable, au cinéma voir des dessins animés, jouent à quatre pattes aux Lego ou à la Barbie. Jadis, nul parent n'aurait même imaginé pareilles activités, car les enfants restaient hors du monde des adultes, ou à la périphérie de celui-ci, et ils jouaient, s'occupaient seuls. L'attitude actuelle, quelles que soient les bonnes intentions qui la motivent, peut entraver l'inscription dans la succession des générations qui se fait aussi par imitation et adaptation. Quand le temps passé avec les enfants se résume à partager leur passe-temps, ils ne voient pas ce que font leurs parents, comment ils se comportent quand ils vaquent à leurs occupations d'adultes. Ils ne peuvent donc pas les imiter et prendre leur place relative dans la famille, et plus généralement au sein de la société. C'est pourquoi s'il est bon que les parents sachent parfois partager les loisirs de leurs bambins, il est au moins aussi important qu'ils ne sacrifient pas les leurs, quitte à ce que l'enfant s'y ennuie. Cela lui donne une ouverture sur un monde qui n'est pas le sien, un modèle de ce que représente l'univers de l'adulte. Au passage, cela permet aux parents de ne pas sacrifier toutes leurs envies à celles de leurs enfants, ce qui est toujours source d'agacement et de frustration.

Nous passons une bonne partie de notre temps à aménager des loisirs à nos enfants, à tel point qu'ils n'ont plus une minute pour eux ! Lundi soir, piano ; mardi, foot ; mercredi, dessin ; jeudi, orthodontiste ; vendredi, école de cirque, et le week-end est tout aussi chargé : Eurodisney, parc de la Villette, spectacle pour enfants... avec nous, bien sûr. Je suis toujours surprise de la difficulté à trouver un rendez-vous pour mes jeunes patients qui n'ont plus de temps à eux. Les parents ne sont plus « avec » l'enfant, dans le rythme des jours et des petites tâches du quotidien ; chaque instant doit être vécu pleinement. À défaut de quantité de temps partagé, il faut mettre l'accent sur la qualité. Résultat : tout le temps libre est occupé, contradiction dans les termes car alors où se situe la liberté ? L'intention est louable, nous voulons leur offrir le maximum de chances, développer leurs dons et leurs capacités, faire d'eux des êtres complets. Peut-être cherche-t-on aussi à se déculpabiliser, les occupant à la mesure de notre indisponibilité. Le désœuvrement et l'ennui qu'il peut engendrer deviennent alors les pires des ennemis. Perdre son temps est pourtant un privilège et les enfants ont besoin de solitude, de moments de vide et de tranquillité, durant lesquels ils se construisent et s'inventent, en faisant appel à leurs ressources intérieures, sans nous. Ils ont besoin de leur monde à eux, d'un espace où ils sont à l'abri de nous, avec leurs secrets, leurs cachotteries, leurs rêves qui ne nous regardent pas et où nous n'avons pas la première place.

À trop planifier leur temps, à tenter de partager le maximum de choses avec eux, peut-être cherchons-nous à éviter toute irruption de l'imprévu dans des vies que nous voulons maîtriser. Laisser nos enfants explorer des territoires inconnus risquerait de les éloigner de nous, qui nous sentirions dépossédés, vidés. Or, nous avons bien trop besoin d'eux pour supporter qu'ils nous échappent ; comme dans une relation amoureuse, nous redoutons qu'ils aillent voir ailleurs et en aiment d'autres que nous. C'est peut-être pourquoi nous nous introduisons dans leur univers et tentons de délimiter leur expérience.

# 5.

# La confusion des sentiments

Avoir des enfants est considéré aujourd'hui comme un signe de réussite. La maternité est particulièrement à la mode ; en témoignent les innombrables couvertures de magazines où les stars de tout âge exhibent leurs rondeurs et s'affichent avec leur progéniture. En filigrane, se profile l'idée qu'être femme, c'est être mère, idée dénoncée par Élisabeth Badinter qui considère que l'on fait « fausse route[1] » en associant la maternité à l'identité féminine. Le féminisme a, dans un premier temps, réclamé l'égalité des droits entre hommes et femmes, avant d'exiger que celles-ci puissent tout concilier de front : travailler et être mère à la fois. Ce que l'on a cru gagner alors apparaît aujourd'hui en réalité comme un

1. Élisabeth Badinter, *Fausse Route*, Odile Jacob, 2003.

piège. La maternité est encouragée mais, sous prétexte de permettre aux femmes de concilier leur vie de mère et leur vie professionnelle, celles-ci sont enfermées dans une prison dorée : travail à temps partiel, postes à moindres responsabilités, salaires inférieurs à ceux des hommes, accès difficile aux promotions les maintiennent à la périphérie de la vie sociale, comme pour mieux les convaincre de retourner à la maison. On ne peut qu'être sensible à ce mouvement qui, en faisant de la maternité un statut social enviable, tend à renvoyer la femme au rôle qui lui était traditionnellement dévolu.

## *La mère, toujours coupable*

« Le recours à la biologie ne concerne pas la femme[1] », nous dit encore Élisabeth Badinter. Or, l'on se réfère sans cesse à la nature pour expliquer que c'est à la femme de rester à la maison, puisque c'est elle qui a porté et nourri les enfants, lui gardant ainsi une place qu'on lui a attribuée de tout temps. Le biologique revient en force là où le féminisme l'avait chassé, et met les femmes dans une position culpabilisante : avoir envie d'une activité professionnelle, intellectuelle, sociale reste quelque chose d'acceptable à la seule condition que cela n'empêche pas la réalisation du désir maternel.

1. *Ibid.*, p. 201.

Prenons l'exemple de l'allaitement, aujourd'hui préconisé par nombre de pédiatres, dont certains avancent même qu'il doit se prolonger jusqu'au sixième mois du nourrisson. Études scientifiques à l'appui, on nous affirme que c'est la santé de nos enfants qui est en jeu. Les femmes se retrouvent ainsi prises en étau entre leur aspiration à être de bonnes mères et des envies ou des nécessités qui ne vont pas forcément dans le sens établi. On peut ne pas avoir envie d'allaiter, on peut ne le faire qu'un temps, parce que, par exemple, c'est peu compatible avec la reprise d'une activité professionnelle. Mais le message implicite des partisans de l'allaitement est le suivant : « Si vous n'allaitez pas, c'est que vous êtes égoïste et faites passer vos désirs avant les besoins de votre enfant. » Dans le discours ambiant, la femme est cantonnée à son rôle primitif et se sent coupable dès lors qu'elle fait des choix différents.

Les partisans d'un retour à l'ordre traditionnel font mine d'oublier une chose : la frustration ressentie par une femme qui renonce à ce qui lui importe pour mieux se plier à des diktats est sans doute plus dommageable pour l'enfant que l'équilibre et l'épanouissement d'une mère qui se réalise aussi socialement. Mais c'est encore le biologique qui reprend le dessus, faisant de l'amour maternel un sentiment inné, voire instinctuel (pourquoi le serait-il plus que le lien père-enfant ?), quand il s'agit d'une construction culturelle.

Certains, comme le pédiatre Aldo Naouri [1], feignent de l'oublier, reprenant alors un débat vieux de plusieurs siècles sur les rôles respectifs de la nature et de la culture. Ainsi, dès qu'il y a « malaise dans la culture », la nature revient au galop.

« Auxiliaire du médecin au XVIII^e^ siècle, collaboratrice du prêtre et du professeur au XIX^e^, la mère du XX^e^ siècle endossera une ultime responsabilité : l'inconscient et les désirs de son enfant [2]. » La mère devient ainsi responsable du bon développement de sa progéniture et, par voie de conséquence, responsable des échecs de celle-ci. Voilà le nouveau poids de la maternité.

L'anecdote que cite Élisabeth Badinter est l'illustration de la nouvelle responsabilité qui incombe alors aux mères :

« Napoléon aurait dit un jour à Mme Campan :

— Les anciens systèmes d'éducation ne valent rien ; que manque-t-il aux jeunes personnes pour être bien élevées en France ?

— Des mères, répondit Mme Campan.

— Eh bien, dit-il, voilà tout un système d'éducation. Il faut, madame, que vous fassiez des mères qui sachent élever les enfants [3]. »

1. Voir *Libération* du 3 février 2004.
2. Élisabeth Badinter, *L'Amour en plus*, Flammarion, 1980.
3. Propos rapportés par L. A. Marin, *Éducation des mères de famille*, 1834, cités par Élisabeth Badinter, *L'Amour en plus*, *op. cit.*, p. 316.

C'est l'équivalent d'un programme politique et social qui se profile alors où la mère tient le rôle principal. Parallèlement, le père est toujours absent de l'éducation et c'est l'État qui va se substituer à ce père défaillant à travers l'école laïque. Mais la place centrale réservée aux femmes apparaît bien comme un cadeau empoisonné : en supposant que la mère peut tout, en bien comme en mal, on lui accorde la « toute-puissance », qui est déjà à l'origine d'un fort sentiment de culpabilité pour elle. Les mères se retrouvent toujours en première ligne sur le banc des accusés. Michel Schneider parle ainsi d'une « société matriarcale[1] » qui gave ses enfants, les gâte et ne les frustre plus. Après des siècles de patriarcat, c'est tout notre environnement qui serait devenu féminin et pâtirait de cette mainmise du maternel. Les mères seraient même coupables de l'absence des pères. Ainsi la libération des femmes aurait pour double conséquence d'éloigner les hommes et de créer des femmes-mères dévorantes dignes des madones de Fellini.

Longtemps, on a considéré la douleur de l'enfantement et les sacrifices maternels normaux, une souffrance inhérente à la condition féminine. Il y a quelques décennies, lorsque fut inventée la péridurale, il y en avait encore pour clamer qu'elle était contre nature, qu'il fal-

1. Michel Schneider, *Big Mother*, Odile Jacob, 2002.

lait souffrir pour enfanter. La douleur n'avait pas à être prise en compte puisqu'elle était la marque d'une maternité responsable et dévouée. La soulager, c'était pervertir cette expérience.

La psychanalyse a poursuivi cette entreprise de culpabilisation en rendant les mères responsables – au sens causal – de bien des malheurs de leurs enfants. De Bruno Bettelheim aux descendants de l'école de Palo Alto qui a développé toute une littérature sur le double lien [1], un enfant autiste ou un adolescent schizophrène ne pouvait s'en prendre qu'à sa mère. Sans aller jusqu'à ces cas extrêmes, aujourd'hui encore, dès qu'un enfant a des problèmes, la mère est prête à faire son *mea culpa* et, si elle ne le fait pas elle-même, d'autres se chargent de la montrer du doigt. Coupable, forcément coupable. Les mères se doivent donc d'être parfaites et, si leur enfant va mal, on leur demande de faire des thérapies pour réparer ce qui en elles pose un problème. Le discours naturaliste est ainsi rejoint par le discours psychanalytique, les deux contribuant à faire de la mère le centre de la vie de l'enfant et la responsable de tous ses

1. Le double lien consiste à demander deux choses qui s'excluent l'une l'autre et à mettre ainsi celui à qui l'on adresse la demande dans une situation impossible puisqu'il n'a aucun moyen d'en sortir. Il ne s'agit plus pour lui d'un choix, mais d'un choix impossible. C'est l'histoire de la mère qui offre deux cravates à son fils, une rouge et une bleu. Le lendemain il porte la rouge et sa mère lui demande pourquoi il n'aime pas la bleue ! Quelle que soit la cravate portée, il y en aura toujours une qu'il ne porte pas.

maux. Cela explique en partie la responsabilité mise en avant par tant de mères : en font-elles assez ? Une mauvaise note, un mal de ventre, une copine chipie à l'école et la réaction immédiate sera : « Qu'est-ce que j'ai fait de mal pour que mon enfant souffre ? » Cela torture la mère mais c'est aussi un moyen pour celle-ci de se considérer comme essentielle dans la vie de son enfant : si tout lui est imputable, alors tout tourne aussi autour d'elle. Cette culpabilité ressentie est l'envers de la toute-puissance. Quel vertige d'avoir une telle influence sur un être humain !

Les pères ne s'en sortent pas mieux, car cette position les cantonne dans leurs rôles. Dans notre société qui n'en est plus à un paradoxe près, personne ne s'étonne du double discours : celui qui met l'accent sur l'importance de la fonction paternelle, séparatrice du couple mère-enfant, et celui qui conteste à la femme la possibilité de s'investir dans autre chose que dans sa vie de mère. Pour tenter de répondre à ces contradictions, la tendance est au repli sur les valeurs à l'ancienne.

### *L'obligation d'aimer*

Lorraine, cinq ans, vient me consulter avec ses parents parce qu'elle fait des crises qu'ils ne parviennent pas à contrôler. Crises d'autant plus incompréhensibles qu'elles détonnent au sein de cette famille sympathique où tout se passe bien par ailleurs. La dernière crise remonte à quelques jours : Lorraine s'est opposée à sa mère qui voulait lui couper les ongles de pied et elle a fini par éclater en sanglots. Frappée par le caractère anodin de cette scène, je pose des questions sur les circonstances des autres crises. Elles apparaissent le plus souvent le matin, quand la petite doit s'habiller pour aller à l'école ; si les vêtements ne sont pas assez serrés, elle refuse catégoriquement de les porter. La fillette paraît désolée de la situation et du trouble qu'elle cause à ses parents.

Je la revois seule. Dès le début de la séance, elle me raconte un rêve qui l'a effrayée : elle nageait dans un aquarium avec une pieuvre qui attrapait sa maman et la découpait en rondelles, rondelles qui tombaient sur le sable blanc. Je me contente de lui dire que, parfois, elle doit être très en colère contre sa mère, mais elle pense alors qu'elle est méchante et repousse ses mauvaises pensées. Elle acquiesce à ma remarque et demande à faire un dessin : une femme, avec une longue robe de plusieurs couleurs et un cœur au milieu ; ses cheveux tombent jusqu'aux pieds et Lorraine les orne de petites boules de toutes les couleurs – « des paillettes », me dit-elle. Quand je lui demande qui est cette femme, elle répond que c'est sa maman. Il semble alors très clair que Lorraine ne peut montrer son agressivité envers sa mère : elle s'est sentie obligée, à travers son dessin, de la

« réparer » du sort qu'elle lui avait fait subir dans son rêve, en la représentant comme merveilleuse.

La maman de Lorraine, très proche de sa propre mère, ne peut accepter l'ambivalence de sa fille aux prises avec ses sentiments contradictoires dont elle ne sait que faire. Cela l'obligerait à reconnaître la sienne vis-à-vis de sa propre mère. Bien qu'elle lui crie occasionnellement dessus, c'est une souffrance pour elle car la relation doit être aimante. Elle en veut d'autant plus à sa fille de la mettre dans un état pareil que cela ne correspond pas à l'idée qu'elle se fait d'une bonne mère et de la manière dont les choses doivent se passer entre elle et son enfant. Le conflit interne qui en résulte explose littéralement autour d'événements anodins : et les pulsions agressives ressenties par la fillette lui font fantasmer une vengeance de sa mère à son égard. Ainsi, au lieu de lui couper les ongles de pied, celle-ci pourrait aller plus loin et lui couper les orteils, pour la punir de ne pas être qu'amour, tout comme elle la découpe en rondelles dans son rêve.

C'est parce qu'elle va peu à peu, à travers la thérapie, pouvoir reconnaître ses mouvements d'agressivité sans pour autant se sentir mauvaise que Lorraine va changer d'attitude à la maison. La maman est aussi heureuse qu'étonnée de cette évolution, mais j'ai pu lui faire comprendre à quel point elle idéalisait leur relation. Elle a ainsi relâché ses attentes vis-à-vis de sa fille qui s'est sentie plus libre par rapport à ses mouvements agressifs et donc moins coupable.

Parce que nous vivons dans l'obligation d'aimer nos enfants, les sentiments de lassitude, d'exaspération ou de rejet sont pris comme autant de défaillances par rapport à notre idéal d'amour qui s'accompagne de l'idéal de bons parents. Mais notre idéalisation de l'amour touche l'enfant en retour, l'obligeant à nous aimer comme nous croyons qu'il faut aimer, et donc à se sentir mauvais dès lors qu'il ressent des sentiments de colère ou de haine – très mélangés dans un premier temps. Les parents ont en effet de plus en plus de mal à supporter les mouvements de haine de leurs enfants : ils se sentent remis en question, rejetés, au lieu de considérer qu'il s'agit là d'un sentiment normal et, surtout, transitoire. Il est pourtant essentiel que l'enfant puisse ressentir et même exprimer ces mouvements pulsionnels agressifs, et sans avoir l'impression que l'entourage en est détruit. Si tel est le cas, il tentera de les étouffer, mais ils ressortiront sous forme de symptômes – comme nous l'avons vu avec l'histoire de Lorraine. L'enfant désireux de protéger le parent trop faible pour supporter son ambivalence développera toujours une grande culpabilité.

*La réparation*

La maman de Rose m'explique combien il est compliqué pour elle d'être à l'heure à notre rendez-vous de onze heures le mercredi. En effet, il lui faut bien deux heures pour habiller sa fille – celle-ci refuse par exemple catégoriquement de mettre des collants en hiver – qu'elle décrit comme « insupportable ». « Avec elle, tout devient infernal : l'habiller, la faire manger, l'envoyer au lit, il faut tout négocier en permanence. » Cette maman me raconte par ailleurs que lorsqu'elle était enfant, ses parents l'ont obligée à faire du piano durant des années et qu'elle leur en veut encore. Elle ajoute qu'elle a connu une période d'anorexie à l'adolescence, trouble du comportement alimentaire qu'elle met en lien avec cette contrainte « insupportable ». C'est pourquoi elle n'obligera jamais sa fille à faire quoi que ce soit ; d'après elle, à quatre ans, Rose est en âge de comprendre les choses évidentes comme s'habiller pour être à l'heure à son rendez-vous avec moi et mettre des collants en hiver.

Tandis qu'elle parle, Rose dessine très tranquillement, avant de nous montrer son œuvre : une succession de rectangles de couleurs vives, les uns dans les autres, par ordre de taille. Lorsque je lui demande ce que ça représente, elle répond : « Un cadre. » Avant même que la fillette puisse ajouter quoi que ce soit, ou que j'aie le temps d'intervenir, la mère s'exclame : « C'est terrible, je dois être très contraignante, je l'enferme dans un cadre. » Ce qu'elle ne comprend pas, c'est que le dessin exprime non pas une contrainte, mais un souhait, une demande. Pour Rose, la vie serait beaucoup plus simple si on l'obligeait à mettre des collants quand il fait froid plutôt que de la laisser finalement décider toute seule.

Paradoxalement, cette maman, qui se veut ouverte et non autoritaire, enferme sa fille dans l'image qu'elle en a (« Rose a un caractère très difficile ») au lieu de lui donner le cadre, les règles très simples qui permettraient à Rose de pouvoir se comporter de façon différente. On pourrait dire alors que, pour la fillette, son mauvais caractère lui tient lieu de cadre. C'est le seul moyen qu'elle trouve pour être en relation avec sa mère et se plier à l'image qu'on attend d'elle et dans laquelle elle est enfermée.

En fin de compte, Rose n'avait pas d'autre choix que d'être dans l'opposition, par réaction. Les règles ont en effet pour mérite de délimiter une zone bien particulière, à l'intérieur de laquelle l'enfant va pouvoir développer des sentiments, des goûts, des fantasmes, des rêveries qui lui appartiennent et constituent sa vie intérieure. En l'absence de règles qui définissent la frontière entre le dedans et le dehors, le bien et le mal, l'enfant reste dans l'opposition pour rechercher les limites qui ne lui sont jamais énoncées en tant que telles.

Pour permettre à la maman de Rose d'offrir à sa fille un espace de liberté intérieure, il a fallu travailler sa contre-identification maternelle. C'était en effet pour ne pas être comme sa mère qu'elle refusait d'obliger sa fille à quoi que ce soit. Il a fallu qu'elle puisse s'affirmer elle-même, et non en négatif de sa mère, pour réussir enfin à poser les limites nécessaires et donner à sa fille le cadre dont elle avait besoin.

La réparation peut prendre des formes différentes mais il s'agit toujours de rejouer dans la relation présente – celle avec son enfant – un lien non résolu du passé – avec un parent. C'est ce qui va apparaître dans les paroles de Barbara. Cette femme d'une quarantaine d'années prend rendez-vous pour ses deux filles, mais ni l'une ni l'autre ne désirant consulter, elle finit par venir seule. Elle explique que ses enfants ne vont pas très bien, notamment l'aînée ; leurs attitudes d'opposition permanente rendent la vie à la maison très difficile. Troisième enfant d'une fratrie de cinq, coincée entre deux sœurs aînées et deux frères cadets, Barbara se souvient qu'elle a passé son enfance à se faire toute petite – « à me faire oublier », dit-elle. Elle évoque sa mère, une femme très autoritaire, envers laquelle elle a de nombreuses critiques. Mais elle n'a jamais pu lui en faire part, et il est désormais trop tard, puisque la mère de Barbara est décédée peu de temps auparavant.

Au cours de nos rencontres, Barbara prend conscience que l'une de ses préoccupations essentielles est de « ne pas être comme [s]a mère ». Moyennant quoi, face aux exigences de ses filles, elle continue de se faire « toute petite », comme jadis face aux exigences de sa propre mère. Ne voulant pas infliger à ses filles la mère qu'elle a eue, elle s'interdit d'être mère et ne peut réagir en tant que telle. Mais plus qu'elle-même, c'est sa mère qu'elle vise à réparer, se sacrifiant une fois de plus devant une figure maternelle à protéger.

La réparation de ce que l'on a vécu dans sa propre enfance peut être un moteur aussi bien qu'un frein. Il faut savoir déceler le lien avec son histoire, mais éviter d'en faire le ressort principal de sa vie présente. La répétition des schémas a souvent lieu lorsque les problèmes ne sont pas réglés : ainsi revivons-nous fréquemment les situations du passé dans le présent avec nos enfants, inversant parfois les rôles. Comment sortir de ce cercle ? En rendant à César ce qui lui appartient, c'est-à-dire en restaurant la place de chacun : la génération du dessous ne peut dénouer les conflits de la génération du dessus.

## *« Ma fille m'a faite femme »*

En couverture du magazine *Elle*, une actrice pose avec sa fille. Celle-ci est photographiée de dos, afin qu'on ne puisse pas la reconnaître, et apparaît de ce fait comme une poupée de chiffon, un jouet. En titre, cette déclaration : « Ma fille m'a faite femme ». Comment ne pas être frappé par cet étrange raccourci ? Si la naissance d'un enfant peut créer l'identité maternelle, c'est dans la relation à l'objet amoureux adulte que l'on devient femme. Or, ce que ce titre sous-entend, c'est que la féminité se réalise dans la maternité. On deviendrait ainsi adulte et femme dans l'identification à l'enfant-fille, dans un curieux jeu de poupées gigognes qui exclut l'homme (et pour l'enfant, le père).

La relation mère-fille a donné lieu récemment à de nombreux ouvrages de psychanalystes [1] quand cette littérature s'était longtemps attachée à la seule relation avec le père. Freud a décrit le parcours difficile auquel est confrontée la fille pour entrer dans la féminité. Elle doit en effet se détourner de son premier objet d'amour, la mère, afin de « rencontrer » le père. Mais c'est un dépit amoureux qui la pousse vers ce nouvel amour, la décep-

1. Parmi eux, citons : *Mère-fille, une relation à trois*, de Caroline Eliacheff et Nathalie Heinich (Albin Michel, 2002), *Les Filles et leurs mères*, d'Aldo Naouri (Odile Jacob, 1998), *Entre mères et filles, un ravage*, de Marie-Madeleine Lessana (Pauvert, 2000 ; coll. « Pluriel », Hachette Littératures, 2002).

tion qu'elle ressent vis-à-vis de sa mère de ne pas être pourvue d'un organe sexuel visible comme le petit garçon. Comment construire son identité féminine quand le premier objet d'identification est aussi source de déception ? C'est toute la gageure de la féminité.

Affirmer que l'on devient femme en enfantant, c'est réduire l'identité féminine à la procréation et effacer tout le travail psychique qui consiste à faire une place à l'homme et à construire une relation avec lui. On n'est pas femme pour un enfant, mais mère ; et inversement, on n'est pas mère pour un mari ou un compagnon, mais femme. Les petits le savent bien, eux qui disent à leur mère : « Tu es une maman. » La notion même de féminité est abstraite pour eux et ils préfèrent souvent employer le mot de « dame » qui reconnaît la différence sexuelle tout en ajoutant la distance de l'âge. Confondre la femme et la mère, c'est nier une différence et jongler avec deux registres différents. C'est entretenir une confusion malsaine : laisser croire que la féminité se construit non pas dans la relation à l'homme mais dans la relation à l'enfant, c'est laisser supposer que celle-ci est sexuée, pour ne pas dire sexuelle, et qu'il y passe une part d'excitation. La mère se retrouverait donc dans une attitude inconsciente de séduction vis-à-vis de son enfant, devenant « défaillante » parce qu'elle ne viendrait pas contenir, voire assouvir ses pulsions. On en arrive ainsi à érotiser la relation maternelle au risque de désérotiser la relation conjugale. Cela peut aider à comprendre en partie les soucis sexuels de nombreux couples, le « devenir parent » se faisant aux dépens de leur relation intime.

Tout comme la famille et les liens mère-enfant, la sexualité est historiquement déterminée. Les pratiques sexuelles, notamment le rôle de la sexualité dans les relations entre maris et femmes, ne sont pas immuables et n'ont pas toujours été les mêmes. Dans l'Ancien Régime, si le plaisir et la jouissance existent bien évidemment, ils ne tiennent pas une place importante au sein du couple. *A contrario*, nous vivons aujourd'hui une époque où la notion de plaisir est omniprésente et devient la jauge d'une conjugalité réussie.

Il faut attendre la seconde moitié du XIXe siècle pour que la sexualité fasse son entrée dans l'esprit domestique et que l'érotisme joue un rôle dans la constitution du couple. C'est au début du XXe siècle qu'apparaît la notion du droit de la femme à l'orgasme. Il n'est d'ailleurs pas inintéressant de noter que la reconnaissance de ce droit va de pair avec la naissance de la psychanalyse dont les premières patientes souffraient souvent de problèmes liés à une activité sexuelle perturbée. C'est aussi le moment où, comme on l'a vu, les femmes deviennent plus actives socialement. Ces changements auront une influence sur les pratiques sexuelles en général. La recherche de la satisfaction et le droit à la jouissance se partagent désormais entre hommes et femmes, mettant le plaisir dans une place fondatrice dans la formation du couple, alors que dans le même temps les critères plus traditionnels d'union (naissance, propriété, possessions matérielles...) perdent de leur importance. Ce rôle central dévolu à la sexualité contribue cependant à déstabiliser la pérennité du couple en tant qu'institution car le désir, toujours fragile, repose souvent sur la nouveauté. S'accommodant bien mal de la routine, désir et lien durable sont antithétiques. Nous voici à nouveau dans une situation paradoxale : voir en une sexualité épanouie l'un des critères essentiels d'une vie de couple réussie, c'est faire reposer une union qui se veut durable sur un élément qui ne l'est pas. Le désir par essence fugace, sujet à éclipses, est devenu le fondement du couple, et l'on s'étonne que ça ne suffise pas à consolider une union.

S'il est un événement qui est susceptible de perturber la sexualité d'un couple, c'est bien la naissance d'un enfant : cycles de vie changés, manque de temps, corps maternel à la disposition du bébé... plus rien n'est tout à fait comme avant et le désir s'en ressent. L'arrivée de l'enfant bouleverse la distribution de la libido comme l'a montré la psychanalyse : la source de l'amour et du désir est la même envers un mari et un bébé, mais ne s'expriment pas de la même façon. Le psychanalyste Jean Laplanche parle ainsi de la manipulation du bébé par la mère : le toucher est par essence sexuel puisqu'il s'agit de donner du plaisir, et les soins corporels, les caresses sont autant d'échanges essentiels au développement de l'enfant et à l'instauration de la relation entre la mère et lui. Grâce à cela, la première investit la relation et le second sent les frontières de son corps. Au tout début de son existence, c'est à travers ces échanges corporels qu'il construit son monde interne, les limites et le contenu de son psychisme. Progressivement, le lien se modifie : les limites et les interdits se mettent en place, définissant les rôles et la place de chacun. Au fur et à mesure que le bébé grandit, la mère ne le touche plus de la même façon... Bientôt, il commencera à se laver tout seul et la pudeur s'installera. Cette découverte ne se fait pas d'emblée, mais se développe dans un deuxième temps par rapport au regard de l'autre, car l'enfant ne prend conscience de ses organes génitaux et de son intimité qu'à partir d'un certain âge, réalisant alors que les petits garçons et les petites filles ne sont pas « pareils ».

India est une jolie petite fille de trois ans que ses parents amènent en consultation parce que, disent-ils, « elle est hyperactive ». Pourtant, au début de l'entretien, la fillette va se blottir contre sa maman et ne bougera plus.

Le père commence par expliquer que sa femme et lui se sont connus très jeunes, au lycée. Entre eux, tout allait bien, mais leurs relations se sont détériorées à la naissance d'India. Sa femme exige de lui qu'il soit un père plus actif, ce qu'il cherche à être, mais dès qu'il tente de s'occuper de la petite, elle lui reproche de mal faire, de ne pas savoir s'y prendre et, comme pour confirmer les dires de la mère, India se braque lorsque son père s'approche. Pourtant, en l'absence de sa maman, elle obéit sans problème à son papa ; celui-ci accuse donc sa femme de vouloir faire alliance avec sa fille et la monter contre lui. Il dit aussi qu'elle est incapable de mettre la moindre limite à India ; c'est ainsi que, depuis sa naissance, la fillette dort dans le lit conjugal.

Comme nous évoquons la possibilité d'un week-end en amoureux afin que le couple puisse se retrouver, se pose le problème de la garde d'India. À qui la confier ? Côté paternel, les grands-parents ne veulent pas s'en charger ; côté maternel, la famille se réduit à une arrière-grand-mère trop âgée pour prendre soin d'une enfant si jeune. La mère d'India m'explique alors qu'ayant été plus ou moins abandonnée, en tout cas délaissée par sa propre mère, elle a été élevée par sa grand-mère, dont elle est restée très proche. Elle tente donc à présent de donner à India ce qu'elle n'a pas reçu, d'être la mère qu'elle n'a pas eue. Pour elle, la seule valeur d'une éducation réussie ne peut être qu'un amour infini et sans limites, ce que supporte mal son mari dont la culture familiale est radicalement différente, les relations étant plus froides et plus distantes.

Durant les premiers temps de leur union, chacun a pu ainsi satisfaire ses propres besoins : le père parvenait enfin à manifester un attachement que sa famille exprimait peu, et la mère se sentait aimée. Mais la naissance de leur fille a bouleversé cet équilibre. Alors qu'auparavant, Alain et Marie ne se quittaient pas, aujourd'hui, India a pris la place d'Alain dans la relation (et dans le lit) conjugale. C'est lorsque je demande à Marie ce qu'elle entend par « amour infini » qu'elle prend conscience de son attachement excessif à sa fille et de la difficulté qu'elle a à laisser une place à son mari, qui, pense-t-elle, l'obligerait à renoncer à la relation fusionnelle avec son enfant. Sa demande paradoxale vis-à-vis d'Alain – « sois un homme, prends soin de ta fille pour m'aider à me séparer d'elle » et « tu es nul, je suis donc obligée de m'en occuper seule » – lui permet de maintenir un conflit permanent afin d'éviter une intimité dont elle ne veut plus, tout son sentiment d'amour étant désormais concentré sur sa fille.

Ici c'est le besoin de réparation de Marie qui fausse le jeu. Sa priorité, inconsciente, est en effet de réparer ce qu'elle n'a pas pu vivre avec sa propre mère, et elle a, dans un premier temps, trouvé en Alain quelqu'un qui venait combler sa soif d'être aimée. Mais son besoin de fusion est tel que ses attentes sont finalement les mêmes vis-à-vis de son mari que vis-à-vis de sa fille. Lorsque celle-ci est née, elle a pris la place d'Alain, car la fusion est exclusive et ne peut se vivre qu'avec un être à la fois. Marie ne parvient pas à répartir ses attachements : avoir avec son mari une relation amoureuse d'égal à égal, une sexualité accomplie, et avoir avec sa fille une relation de tendresse maternelle. Sa fille est comme une extension d'elle-même : Marie ne la perçoit pas comme un être à part entière et ne peut reconnaître ni ses besoins ni ses désirs. De ce fait, elle ne peut pas lui donner les outils pour apprendre peu à peu à vivre sans elle et à s'autonomiser.

Dans la constellation œdipienne classique, c'est le père qui joue le rôle de séparateur entre la mère et le bébé. Mais de nos jours, le père est remis en question et a du mal à prendre cette place : les valeurs qu'il représentait traditionnellement sont en crise (l'autorité notamment) et, dans les faits, il est souvent mis à l'écart. Ainsi, lors des premières séances, je vois la plupart du temps des enfants accompagnés de leur mère. Face à ma demande de voir aussi le père, les réactions vont de la surprise à la résistance. Pourquoi vouloir qu'il soit présent ? Elles leur raconteront ce qui s'est passé. Parfois, il n'est même pas au courant de cette consultation, parce qu'il travaille trop... Ces réactions sont autant d'informations sur le mode de fonctionnement du couple et de la famille. Y a-t-il véritablement désinvestissement de la part du père ou, au contraire, omniprésence et tentative de tout contrôler de la part de la mère ? Lorsque je rencontre l'« absent », je suis souvent étonnée du décalage entre son attitude et celle décrite par sa femme. Dans tous les cas, il est essentiel de travailler aussi avec les pères, car ils ont, quant aux problèmes de leur enfant, une vision souvent très complémentaire de celle de leur femme.

Pour l'enfant, il est tout aussi important d'être confronté à deux points de vue, pas forcément concordants, qui lui montrent que la réaction d'un parent n'est pas la seule possible, qu'il peut y en avoir d'autres. Cela lui permet de voir que les choses ne sont pas décidées d'avance, qu'il n'y a pas une solution unique, qu'une personne ne saurait à elle seule détenir toute la vérité. C'est pourquoi les conflits entre parents ne sont pas « catastrophiques » à partir du moment où l'enfant ne se sent pas pris en otage. Au contraire, ils proposent différentes façons d'envisager la vie, explorent des croyances diverses, qui représentent une ouverture et une ressource pour son développement psychique.

C'est ce qu'illustre l'exemple de Sophie et Rémi : ce jeune couple vient me consulter car il traverse une grande crise qui a commencé à la naissance de Jeanne. Rémi est très en retrait et Sophie revendicatrice. Leur fille a maintenant deux ans et c'est devenu intenable : ils adorent la petite, mais leur interaction se limite à l'organisation du quotidien et de Jeanne, et ils n'ont plus de relations sexuelles. Au cours de notre travail ensemble, ils en arrivent à évoquer le plaisir qu'ils avaient avant la naissance de leur fille, aux raisons mêmes qui ont contribué à la formation de leur couple. Pendant nos entretiens, chacun peut exprimer ce qu'il aimerait retrouver dans leurs échanges. Ils arrivent ravis à une séance en racontant qu'ils se sont disputés devant Jeanne. Ils en sont tous deux contents et... très fiers. Cette dispute est pour eux la preuve qu'ils communiquent de nouveau, mais surtout qu'ils peuvent être un couple devant leur fille, que la présence de celle-ci ne remplace pas cet aspect-là de la relation.

Certains parents ont ainsi tendance à trop séparer la vie familiale et la vie de couple. Il ne s'agit bien évidemment pas de promouvoir les conflits devant les enfants, mais l'histoire de Sophie et Rémi souligne le danger de les mettre au centre d'un dispositif familial, au risque d'éteindre la relation conjugale préexistante. L'arrivée d'un enfant a toujours des effets sur la dynamique d'un couple ; pourtant réussir à se définir en tant qu'homme et femme dans un rapport amoureux est essentiel pour tout le monde car n'oublions pas que, lorsque les parents ferment la porte de leur chambre, cela permet aussi à l'enfant d'être tranquille. La barrière fonctionne dans les deux sens.

*La sexualité des enfants : la confusion des sentiments*

Ce ne sont pas seulement les parents qui se retrouvent en danger lorsque les domaines des enfants et des adultes sont mal définis. Les enfants pâtissent aussi de cette confusion. C'est un effet pervers de la prévalence du discours psychanalytique, et la notion de sexualité infantile a sans doute été mal comprise. Si l'exploration sexuelle de l'enfant à travers les divers scénarios mis en scène dans ses jeux (comme les fameux jeux du docteur ou du papa et de la maman...) est normale, elle a cependant à se confronter à l'interdit des parents qui ne doivent en aucun cas en devenir les complices. Il semblerait qu'aujourd'hui, face aux manifestations de cette sexualité, nombre de parents aient une attitude permissive, afin de ne pas traumatiser leur cher petit. Mais à trop banaliser la sexualité infantile, et sous prétexte de ne plus être répressif, on confronte l'enfant à la violence de ses pulsions, ce qui est souvent plus difficile à gérer que l'interdiction parentale.

Frédéric est le papa de Gisèle. En vacances dans la maison familiale, il trouve sa fille de sept ans, toute nue, dans un lit avec Erwan, huit ans, le fils d'amis. Il me raconte à quel point il s'est senti gêné de surprendre cette scène, ne sachant pas comment réagir ni quelle attitude adopter. Il a hésité à intervenir : après tout, ce que faisaient les deux enfants n'était que l'illustration de cette sexualité infantile dont on parle tant et Frédéric, qui a lu les ouvrages de Freud sur la question, se souvient d'épisodes semblables dans sa propre enfance. Mais il a aussi compris qu'en tant que père il ne pouvait encourager cette conduite et ne rien dire aurait été l'équivalent d'un blanc-seing. Après un petit temps de réflexion, il a donc demandé aux enfants de sortir du lit et de se rhabiller.

Voilà, bien sûr, une réaction appropriée. S'il n'avait rien dit, ou s'il avait souri en découvrant les enfants, ce père aurait en quelque sorte entériné la situation. Il ne s'agit pas ici de juger l'activité des deux bambins comme mauvaise ou négative. Pourtant, en tant que parent, ne rien dire équivaut à ne marquer ni limites ni interdit, et d'une certaine façon, à « participer » ainsi à la sexualité des enfants. L'interdit ne porte pas sur l'acte lui-même (jouer à touche-pipi, se masturber sont des expériences vécues par tous les enfants) mais sur son acceptation par l'adulte. Ce n'est pas la sexualité en soi qui est à proscrire, mais le fait de la partager avec ses parents. Ce n'est pas parce que l'on accepte l'idée d'une sexualité infantile que cette sexualité et tout ce qui s'y rapporte ne doivent plus faire l'objet d'aucune pudeur ni d'aucune limite. Il faudrait plutôt admettre que la sexualité est une affaire privée, que celle des adultes ne regarde pas les enfants, pas plus que celle des enfants ne regarde les adultes. Et ce n'est pas sous prétexte que l'on s'aime que l'on peut partager cela ! Ce qui est violent dans ce domaine, ce n'est pas d'interdire mais de participer, de quelque manière que ce soit. Parce que la sexualité n'est plus un sujet tabou, on pense que tout est dicible, peut être entendu, oubliant que parler de sexualité est un équivalent sexuel qui n'est jamais tout à fait neutre. Il est sans doute bien de pouvoir informer ses enfants sur le sujet, à condition de ne pas tomber dans l'exhibition ou dans l'intrusion. D'ailleurs la gêne ressentie par la plupart des parents lorsqu'ils doivent répondre à certaines questions sur « comment on fait les enfants » est révélatrice et de bon aloi : ce n'est pas un sujet comme un autre ! Les uns balbutient et d'autres donnent des explications très scientifiques, manière pour eux de mettre à distance ce sujet brûlant.

Entre eux, les enfants ont un niveau commun de savoir et d'expérience en matière de sexualité : il n'y a donc pas risque de trauma, lequel découle principalement de la confusion des générations. Reprenons notre exemple : si l'adulte se tait, il se trouve dans un mouvement paradoxal. Il fait semblant de ne pas reconnaître l'implication sexuelle de la situation, dans le même temps que, par son silence, il participe à une scène qui est forcément sexuelle (les enfants sont les premiers à le savoir, en tout cas à le ressentir, puisqu'ils se cachent pour jouer à ces jeux-là). De la même façon que nos parents et nos amis ont une sexualité dont nous ne sommes pas les témoins directs, nous ne devons pas être les témoins de la sexualité de nos enfants. Si le rôle de ceux-ci est d'expérimenter leur corps, le rôle des parents est de marquer l'interdit. Ne pas le signifier explicitement revient à laisser l'enfant se débrouiller seul avec ses désirs. On a trop tendance à oublier que le danger ne vient pas seulement du dehors, sous la forme d'un adulte pervers, mais du dedans, des pressions pulsionnelles du monde interne. Laissés sans protection par rapport à elles, les enfants se sentent vulnérables et angoissés. Or, la sexualité ne peut être réduite à une pulsion, elle se construit aussi à travers la confrontation entre ce qui est permis et ce qui ne l'est pas. L'interdit en matière de sexualité donne des limites qui serviront dans d'autres domaines où s'exprime le désir – dans le rapport à la nourriture ou à d'autres substances comme la drogue par exemple.

Les parents actuels vivent sur un malentendu. Lorsque Freud parle de l'enfant comme d'un « pervers polymorphe », il ne tend pas à signifier que sa sexualité est identique à celle de l'adulte, bien au contraire. C'est parce que le plaisir de l'enfant n'a pas encore été centralisé autour de la zone génitale qu'il est polymorphe, tout son corps étant excitable ; la maturation de la sexualité ne s'organisera qu'à l'adolescence. Si l'on ne comprend pas cela, on est dans ce que le psychanalyste hongrois, Sandor Ferenczi, élève de Freud, appelait « la confusion des langues entre adultes et enfants » : à travers l'exploration de son corps, l'enfant demande de la tendresse et l'adulte répond par de la sexualité. Ce qui dans cette confusion fait violence, c'est le flou que revêt aujourd'hui la notion de générations, abolissant la différence intrinsèque entre l'adulte et l'enfant qui, précisément, touche même à ce qui se rapporte à la sexualité.

Si l'interdit n'est pas posé par l'adulte, la construction de la psyché, qui repose sur le conflit entre désir et interdit, ne peut se faire. Plus grave encore est le risque que l'excitation sexuelle soit entérinée par les parents, créant de ce fait un lien incestuel par déplacement. C'est ce qui se passe par exemple lorsqu'une adolescente raconte les débuts de ses expériences sexuelles à ses parents. L'exhibition de cet aspect-là de sa vie sexuelle est une manière d'y faire participer les parents. La psychanalyse insiste sur l'importance du refoulement, refoulement qui s'appuie sur des interdits que les parents doivent représenter et l'enfant faire siens. Et ces interdits portent aussi sur la façon dont on en parle, car la parole n'est pas seulement à propos de la sexualité, elle est elle-même sexuelle, c'est-à-dire séductrice.

*La passion pédophile*

Au secours, les pédophiles sont partout ! C'est en tout cas l'impression que donne la lecture des journaux. Rares sont en effet les semaines où l'on ne parle pas de cette « nouvelle pathologie » des temps modernes. Pourtant, elle a toujours existé, mais sans doute n'avions-nous pas le même regard sur ce phénomène.

Les soupçons pèsent sur tout le monde : les parents font preuve de méfiance à l'égard des enseignants et des éducateurs, et voient souvent leur enfant partir en classes vertes ou en colonie avec inquiétude, craignant une mauvaise rencontre. De leur côté, les enseignants soupçonnent les parents, comme en témoignent les histoires de mises en accusation abusives. Si l'affaire d'Outreau a fait beaucoup de mal aux prévenus innocents, elle a aussi eu d'autres effets : désormais, le soupçon pèse sur les accusations qui ont d'abord été prises pour argent comptant. C'est notre idéalisation de l'enfance qui une fois de plus s'exprime ici : parce qu'ils seraient purs et innocents de nature, les enfants ne pourraient dire que la vérité et devraient être protégés de la malveillance des adultes. La littérature enfantine est elle aussi passée au crible. À l'occasion du cinquantième anniversaire de la série des « Martine », la culotte de la petite fille a été recouverte car jugée inconvenante et ambiguë.

Devant de tels faits, le psychanalyste peut s'interroger sur le phénomène en le considérant comme un symptôme : que signifie-t-il ? Comme toujours, tout part d'un bon sentiment : le désir et le devoir de protéger les enfants. Tentant de réparer les années où on ne les a jamais entendus parce qu'on ne leur donnait pas la parole, on les écoute à présent avec bienveillance et, quoi qu'il arrive, on leur accorde toujours le bénéfice du doute. Mais dans notre volonté de bien faire, on perd de vue la différence entre fantasme et réalité, sujet déjà cher à Freud, et l'on ne permet plus à l'enfant de « jouer », au sens d'imaginer.

Or, l'enfant a aussi des fantasmes sexuels et les prendre au pied de la lettre, ce n'est pas seulement commettre parfois des injustices terribles, c'est aussi mettre le jeune accusateur dans une position de toute-puissance où sa parole et sa pensée ont valeur de réalité. Ainsi, un enfant qui rapporte des faits pouvant être qualifiés de suspects peut-il se trouver surpris et se sentir piégé d'être cru. Il ne sait plus comment se sortir de l'histoire qu'il a imaginée. Les affabulations et les mensonges enfantins sont pourtant très fréquents, les adultes le savent et les reconnaissent pour ce qu'ils sont, conscients qu'il s'agit là d'un monde imaginaire ludique que l'enfant met en place. Dès lors qu'il est question de sexualité, ils oublient cela, retirant en quelque sorte à l'enfant la possibilité de jouer avec son imaginaire. Cela ne signifie en aucun cas qu'il ne faut pas écouter la parole enfantine qui relate de drôles d'histoires, mais que l'on doit rester vigilant. Un enfant que l'on croit les yeux fermés, alors qu'il fait jouer son imagination, peut en souffrir. Si l'adulte ne remet jamais en doute ce qu'il dit, sa parole finit par lui paraître plus « vraie » que la réalité et c'est tout son rapport à cette réalité qui se lézarde, puisqu'il ne parvient plus à distinguer le vrai du faux. La force de sa parole est telle qu'il est renvoyé à un sentiment de toute-puissance pouvant aller dans certains cas extrêmes jusqu'à des délires pathologiques, où le fantasme prend le pas sur le réel.

C'est précisément à travers une vigilance digne du tribunal de Torquemada que nous sexualisons ce qui ne l'est pas : la petite culotte de Martine ne devient ambiguë que si on la cache. En réprimant et en cachant le sexuel on ne fait que le souligner davantage. Ce qui frappe aujourd'hui, c'est que tout interdit en matière de sexualité passe toujours par les enfants, les mettant de ce fait dans une place qui n'est pas la leur. L'on peut pourtant penser qu'il s'agit là d'une façon de ne pas parler de la sexualité adulte, supposée être satisfaisante et sans problème depuis les années de libération sexuelle. À travers cette « passion pédophile », s'exprime pourtant un mélange de pudibonderie et de voyeurisme qui renvoie à la culpabilité que nous pouvons avoir par rapport à notre propre sexualité.

Cette confusion des registres, dont la sphère sexuelle est l'exemple, illustre la nouvelle donne des relations entre les générations. Cela nous permet de mieux comprendre la nouvelle dépendance, celle des parents vis-à-vis de leurs enfants.

# 6.

# La nouvelle dépendance

L'amour sur lequel nous faisons reposer tout l'édifice familial empêche chacun de tenir la place qui est la sienne. Cette confusion, au lieu de favoriser l'accès à l'autonomie, qui permet à nos enfants de faire leur vie indépendamment de la nôtre, l'entrave. La réflexion sur ce sujet nous amène à un point aveugle : notre dépendance par rapport à nos enfants, dépendance qui les place dans la position difficile.

## *Dépendance et autonomie*

On peut penser qu'une éducation réussie consiste à défaire la relation qui en est le substrat principal ou, pour le dire autrement, à donner aux enfants les outils psychiques pour leur permettre de quitter leurs parents.

De façon paradoxale, et contrairement à ce qui se passe dans la relation amoureuse, c'est la séparation qui marque la réussite de la relation parent-enfant.

Peut-il y avoir amour sans dépendance ? Quand on vit une relation amoureuse, on n'a pas envie que l'autre nous quitte, on refuse de penser à la fin. On reste ensemble, au fil des jours, même si l'on se voit un peu plus ou un peu moins au gré des obligations de chacun. La relation parent-enfant obéit à un rythme différent : on commence, durant les toutes premières semaines, à vivre presque vingt-quatre heures sur vingt-quatre avec le bébé, puis on va devoir apprendre à se voir de moins en moins. L'enfance se marque par la succession d'acquisitions qui développent les outils de l'indépendance. La propreté, la marche, le langage... Un jour, l'enfant devenu grand prend son indépendance et les rencontres s'espacent, se réduisant parfois à un ou deux moments partagés par an, lorsqu'il s'installe dans une autre ville ou à l'étranger.

Il semble pourtant que l'on ait du mal à intégrer cette évolution et, si l'on accepte de ne pas passer tout son temps avec son enfant, envisager de ne plus le voir du tout s'avère difficile. La place centrale qu'on lui accorde, la transformation de la nature du lien qui nous attache, son caractère passionné et amoureux contribuent à former parfois de véritables couples parent-enfant et rendent l'autonomisation du second de plus en plus difficile. Les parents envisagent avec difficulté la séparation parce qu'ils ont besoin de leur enfant pour se sentir exister.

Ils réclament volontiers qu'il soit indépendant, à condition que cette indépendance ne l'éloigne pas. D'où cette exigence paradoxale : « Marche, pour que je ne sois pas obligé de te porter, mais ne cours pas car ça m'obligerait à te courir après. » Comment permettre aux enfants de se responsabiliser et de s'autonomiser si nous sommes dans l'incapacité de nous passer d'eux car ils sont devenus indispensables à notre satisfaction sentimentale ?

Dans l'ordre logique des générations, ce sont les parents qui doivent guider et accompagner leurs enfants. Or, aujourd'hui, nous avons l'impression que ce sont souvent les enfants qui assistent et soutiennent des parents démunis, fragiles. On ne parle pas ici de ce que l'on appelle la parentalisation : face à un père ou une mère défaillant, dépassé, l'enfant assume le rôle que celui-ci ne tient plus, ce que l'on observe fréquemment dans le cas où l'un des parents souffre d'une dépression ou d'une pathologie. Ce qui nous intéresse, c'est la nouvelle dépendance, phénomène plus diffus et plus difficile à cerner, résultat de la position stellaire que l'on a donnée à l'enfant dans la constitution de la famille et dans nos vies d'adultes. C'est par rapport à lui que nous nous définissons désormais, et cela a forcément des effets sur son évolution.

*Les angoisses de séparation*

Les angoisses de séparation trouvent bien souvent leur origine dans une difficulté pour l'enfant à intérioriser les personnes qui sont importantes pour lui ; en leur absence il ne parvient pas à garder en lui leur souvenir intact susceptible de le rassurer, ce qui s'appelle « une image interne ». Celle-ci se construit progressivement à partir d'expériences de présence et d'absence des figures parentales. Or, aujourd'hui, il existe un glissement dans ce phénomène. On peut se demander si la prolifération des images et des contacts n'empêche pas l'enfant de se construire cette galerie intime qui lui permet de transporter son univers avec lui, sans avoir besoin de la présence de celui-ci dans la réalité pour le vérifier. La technologie moderne (téléphone portable, Internet, photo numérique...) tend à faire croire que nous sommes toujours en contact, que nous avons un accès permanent à l'autre et que, de ce fait, nous n'avons plus besoin de l'intérioriser. Mais même si on appelle quelqu'un vingt-cinq fois par jour, même si on lui envoie une photo toutes les heures, il faut bien apprendre, entre deux appels, deux photos, à composer avec l'absence. Il va sans dire que cette technologie n'est pas la cause des difficultés actuelles de séparation ; elle en est plutôt le symptôme. Quand un parent offre un portable à son enfant, c'est davantage pour se rassurer lui que pour rassurer l'enfant. Ainsi pourra-t-il savoir en permanence où est son enfant – du moins en a-t-il l'illusion. La difficulté à se séparer se joue en effet à deux : l'angoisse de l'un venant réveiller l'angoisse de l'autre, les deux se renforçant dans un effet boule de neige.

Depuis quelque temps, Clara, sept ans, pleure quand elle doit aller à l'école. Catherine, sa maman, comprend d'autant moins ces larmes que Clara aime beaucoup travailler, a de bons résultats et s'est fait de nombreuses copines. Elle a du mal à trouver les mots pour apaiser les pleurs de sa fille, a d'abord tenté de la rassurer, sans succès, l'a un peu brusquée, sans plus de résultat ; c'est pourquoi elles viennent consulter.

Catherine me confie à quel point il est douloureux pour elle de voir Clara pleurer ainsi : ayant elle-même été une enfant qui avait beaucoup de mal à quitter le foyer familial, elle a tout fait pour que Clara soit indépendante. Afin que la petite ne se sente jamais ni seule ni abandonnée, elle a fait attention, dès sa naissance, à user de stratagèmes pour ménager les départs, si quotidiens soient-ils. De ce fait, au lieu de l'autonomiser, elle renforçait l'angoisse de l'enfant, sans le savoir.

Peu à peu, cette mère va se rendre compte que sa fille exprime en fait ce qu'elle-même ressent. Comme Catherine ne peut pas pleurer lorsqu'elle la conduit à l'école, c'est Clara qui pleure à sa place. Clara dit d'ailleurs que, dès que sa maman est partie, elle se calme et passe une très bonne journée, montrant sa perplexité d'aimer l'école et d'être à la fois si angoissée en y arrivant.

En voulant éviter à sa fille ce qu'elle avait vécu, cette femme lui a fait porter le poids de sa propre angoisse et lui a transmis sa peur de la séparation. En fait, lorsqu'elle doit quitter sa fille, la mère revit ses propres peurs d'enfant, imaginant que Clara éprouvera la même chose qu'elle. Elle induit ainsi un comportement qui apparaît comme une réaction à son propre ressenti, où se quitter équivaut à un arrachement, une rupture, un abandon, une cassure plutôt que, par exemple, l'occasion de retrouvailles. Évoquer ces associations extrêmes et les alternatives qui existent a aidé Catherine à prendre conscience de ce qu'elle communiquait malgré elle à sa fille.

Par un processus d'identification complexe, les angoisses de séparation des enfants sont souvent dues à l'intériorisation de celles de leurs parents. Le psychanalyste et éthologue anglais John Bowlby fait remonter l'origine de ces angoisses aux premières interactions avec l'environnement et à la façon dont l'enfant vit les petites séparations précoces. On s'aperçoit que, bien souvent, c'est l'adulte qui projette inconsciemment sa propre anxiété. Ainsi, le matin de son départ en classe de nature, Barbara, six ans, s'est mise à pleurer sur le quai de la gare. Voyant son désarroi, sa mère a fondu en larmes elle aussi, au lieu de la consoler. Elle était trop inquiète pour trouver les mots qui avaient aidé sa fille à s'éloigner en douceur.

Pour beaucoup de parents, il est difficile de quitter leur enfant. Au moment des classes vertes par exemple, certains glissent dans le sac de voyage un téléphone portable pourtant interdit par les responsables, ou trouvent des stratagèmes pour pouvoir rester en contact avec leur enfant, afin d'aménager la séparation, à défaut de pouvoir l'annuler. Les classes de nature et autres colonies de vacances sont pourtant des occasions rêvées d'introduire un peu de distance et de laisser intervenir des tiers dans une relation parfois trop fusionnelle. Mais souvent les parents ne respectent pas les règles, se manifestent à tout moment, obéissant à leur désir et non à celui de leur enfant. Pourtant l'appel peut être perturbant, car il vient faire effraction dans une journée qui obéit à un autre rythme ; il dérange plus qu'il apaise, soustrayant l'enfant à ce qu'il est en train de vivre. Envahi par une scène psychique – l'image de ses parents – qui concurrence le présent, l'enfant a du mal à réinvestir ses activités propres. En agissant ainsi, ce n'est pas leur enfant que les parents cherchent à rassurer, mais bien eux-mêmes, et parfois au détriment de leur fils ou leur fille.

Lisa, dix ans, vient consulter avec sa mère. Elle semble aller très bien mais, selon sa maman, elle est très angoissée à l'idée de partir en vacances chez une amie dans quelques mois, et ne comprend pas pourquoi.

À la suite de notre premier entretien, la mère m'appelle pour me raconter l'histoire familiale. Son mari avait créé une entreprise avec son frère à elle, mais il a été exclu de l'affaire et depuis des années les deux hommes sont en procédure judiciaire. Ils ont tout perdu : non seulement son mari est au chômage, mais ils vivent désormais renfermés sur eux-mêmes, ne voient plus personne de leur entourage. Je lui propose alors de venir me voir pour évoquer de vive voix cette histoire visiblement douloureuse. Elle me dit encore combien la situation est pénible et la difficulté qu'elle a à vivre la trahison de son frère. Lorsque je lui demande pourquoi elle n'y a fait aucune allusion lors de notre premier entretien, elle me répond : « Pour protéger Lisa. » Et elle ajoute : « Vous comprenez, Lisa est devenue le centre de notre vie, on s'occupe beaucoup d'elle. »

Lorsque je revois sa fille, je me rends compte qu'elle a souvent entendu parler de cette histoire, que ce n'est pas un secret malgré ce que prétendait sa mère. Je fais alors le lien avec sa crainte à l'idée de quitter la maison : elle a peur que son départ ne provoque des effets catastrophiques sur ses parents, qu'ils ne sachent plus comment faire sans elle. Sans se le formuler elle sent le rôle qu'elle joue au sein de cette famille : elle est le seul élément positif. Comment peut-elle abandonner cette position de sauveur ? C'est pour cela aussi qu'elle refuse d'aller dormir chez des copines. En quelque sorte, elle se sacrifie pour protéger ses parents. En m'écoutant, Lisa et sa mère ont l'air intéressées : l'idée que la fille protège la mère les surprend. Lorsqu'elles reviennent un mois plus tard, Lisa a accepté de coucher chez une amie et se montre déjà moins anxieuse à la perspective de vacances sans ses parents. Chacune a pu commencer à reprendre sa place.

Un véritable cercle vicieux s'était installé entre la mère et la fille : plus la première montrait son inquiétude, plus la seconde était angoissée, justifiant ainsi de rester à la maison. Sous prétexte de préserver sa fille, la mère l'empêchait de prendre de l'autonomie. Bien sûr, elle n'en était pas consciente, mais elle a réalisé peu à peu que par son « symptôme », c'est Lisa qui veillait sur elle. Dans cette famille, les rôles s'étaient inversés et rigidifiés. Il fallait leur offrir une porte de sortie en soulignant l'importance de ce lien à deux afin de leur permettre de le dépasser : il existait d'autres modes de relation que la protection mutuelle qui les étouffait. La mère a pu renouer avec des amis, et sortir de sa position de honte et de ressentiment vis-à-vis de son entourage.

*Le souci de l'autre*

Le souci de l'autre est une qualité, jusqu'à un certain point. Dans l'histoire de cette femme, il apparaît comme une manière de s'imposer à son entourage, l'inquiétude étant un poids que l'on fait peser sur les épaules de l'autre.

Marianne est une adolescente épanouie, qui suit une scolarité sans histoires et semble bien intégrée dans un groupe d'ami(e)s, comme il convient à son âge. Elle s'entend plutôt bien avec ses parents, néanmoins la famille vient consulter car il y a de plus en plus de conflits entre l'adolescente et sa mère. Marianne supporte mal que celle-ci soit tellement inquiète à son sujet. En permanence, elle exige de savoir où elle est et, si d'aventure la jeune fille rentre avec quelques minutes de retard, la mère imagine aussitôt un accident de mobylette ou une mauvaise rencontre. Pour la rassurer, Marianne a pris l'habitude de toujours dire où elle se trouve, mais elle commence à se rebeller contre ce qu'elle considère comme une surveillance trop rapprochée, d'autant plus injustifiée que Marianne n'a jamais donné à ses parents l'occasion de se faire du souci.

La mère explique qu'il ne s'agit pas de surveillance. Pourtant, elle réalise que son inquiétude, réelle, lui permet à tout instant de savoir où est sa fille et ce qu'elle fait. À ce moment, le père de Marianne intervient pour souligner qu'elle se comporte de la même façon avec lui... Sa femme évoque alors sa jalousie maladive et prend soudain conscience que son anxiété et les scénarios catastrophes qu'elle imagine servent à la masquer. Sa jalousie exprime une peur de perdre l'amour de l'autre et elle n'est jamais assez rassurée pour avoir confiance, ce qui provoque chez elle une vraie angoisse qui demande à être soulagée. Les catastrophes qu'elle envisage sont une forme de violence qu'elle inflige à son entourage. Son inquiétude est irraisonnée, mais socialement acceptable – quoi de plus « normal » que de s'inquiéter pour ceux qu'on aime ? –, et surtout elle crée un mode relationnel qui, s'il la rend difficile à vivre, réussit à attacher à elle son mari comme sa fille. Prendre conscience de sa peur réelle de perdre leur amour va permettre à cette femme de devenir sujet de son angoisse – quand elle croyait que celle-ci était due à des éléments extérieurs (accident, violeur potentiel...) – et lui donner le pouvoir d'agir sur elle.

Le cliché de la mère abusive est pourtant une figure qui existe. Il ne s'agit pas forcément de celle qui maltraite physiquement son enfant, mais au contraire de celle dont la présence excessive le suffoque, jouant de la culpabilité pour conserver un lien qui finit par étrangler son enfant. L'étouffement aussi est une forme de maltraitance. C'est bien cela la violence de l'amour.

*La famille paradoxale*

Les angoisses de séparation sont-elles amplifiées par les divorces, les séparations et les recompositions qui touchent tant de couples aujourd'hui ? Sûrement, mais pas pour les raisons que l'on pourrait croire : ce n'est pas tant l'absence réelle du parent qui pose un problème, mais l'atmosphère affective dans laquelle se déroule cette nouvelle organisation.

On semble oublier un peu vite que parents et enfants ont de tout temps vécu des éloignements successifs : autrefois les enfants étaient envoyés en nourrice ou en pension, les pères partaient à la guerre... Ce qui est nouveau en revanche, ce sont les liens qui se tissent entre le parent séparé et l'enfant, liens souvent très – pour ne pas dire trop – étroits[1].

On l'a vu, le lien entre hommes et femmes étant de plus en plus fragile et temporaire, le seul lien durable est désormais celui du parent à l'enfant. Le couple mère-enfant apparaît comme le ciment de la famille contem-

1. Ou alors, au contraire, il n'existe plus de relation du tout, ce qui est souvent le cas, mais ce n'est pas notre propos ici.

poraine – plus rarement le couple père-enfant –, le second se révélant de plus en plus comme le partenaire de la première. Toute union implique de renoncer à une parfaite indépendance, mais on veut l'ignorer et la dépendance est à présent refusée dans la vie amoureuse, comme si elle signait une faiblesse. Le lien fusionnel dont on ne veut plus dans la vie sentimentale perdure pourtant dans la relation parent-enfant et entrave justement la constitution d'une relation entre adultes, laquelle repose désormais plutôt sur l'affirmation de l'individualité de chacun. Les deux mouvements sont donc interdépendants : plus on est « libre » vis-à-vis de son partenaire, plus on est dépendant de son enfant. Situation pour le moins inconfortable, souvent renforcée en cas de divorce ou de séparation parentale : comment quitter un parent qui a construit sa vie autour de vous, au point parfois de la sacrifier ? Comment se permettre de construire sa propre vie quand on a eu son mot à dire dans les choix de ses parents ?

*« Mon fils, ma bataille »*

Cette chanson de Daniel Balavoine qui parle de la souffrance d'un père au moment de son divorce – souffrance d'être séparé de son enfant – est représentative d'une certaine évolution. À l'époque, dans les années 1980, elle marquait un tournant dans l'attitude des pères qui remettaient en cause la garde des enfants accordée systématiquement aux mères par les juges. Depuis, les choses ont peu à peu évolué. Pour plus d'égalité entre les parents, certains n'hésitent pas à encourager la garde alternée. Une fois encore, l'intention est bonne puisqu'il s'agit de partager équitablement le temps que l'enfant passe avec ses deux parents, afin qu'il puisse construire avec chacun des relations stables et durables[1]. Dans les faits pourtant, la solution de la garde alternée n'est pas exempte de difficultés et le principal concerné, l'enfant – dans le bien duquel chacun se targue d'agir –, se retrouve parfois ballotté d'une maison à l'autre, sans plus savoir où il habite vraiment. L'exigence de symétrie entre les deux parents devient oppressante et il ne peut choisir sans risquer que l'un des deux se sente menacé par ce choix, d'ailleurs impossible pour lui. Si on veut bien considérer que la maison est un lieu précieux, investi comme une métaphore de la construction psychique, avoir deux maisons n'est pas toujours facile car cela revient parfois à n'en avoir aucune.

1. L'expérience montre en effet que moins un père a la possibilité de voir son enfant, plus grand est le risque qu'il s'en désintéresse peu à peu : dans les années 1980, 40 % des enfants voyaient leur père un week-end sur deux lorsque la séparation avait moins de six ans ; ils n'étaient plus que 25 % lorsque la séparation était plus ancienne. D'autre part, lorsque la cohabitation du père avec la mère et l'enfant avait duré moins de deux ans, 61 % des enfants n'avaient plus de lien avec leur père.

Si la garde alternée exprime un nouvel investissement de la part des pères – ce dont on ne peut que se réjouir –, il faut pourtant souligner que, pour l'enfant, la symétrie n'a pas de sens. C'est en quelque sorte lui dire que ses deux parents sont pareils alors que, même si elle ne repose plus sur la répartition traditionnelle des rôles masculins et féminins, la distinction entre les sexes est essentielle à son développement, car c'est sur ce modèle que se met en place la différenciation sexuelle. L'exigence des parents d'avoir les mêmes droits, le même temps, de faire les mêmes choses nous semble reposer sur l'idée que chacun est un couple parental à lui tout seul, à la fois père et mère, qu'ils sont donc semblables en tout, voire interchangeables. Or, l'enfant a besoin qu'ils soient différents. La distinction est essentielle sur un plan psychique et moral ; elle représente l'introduction de l'altérité, la compréhension qu'il existe quelque chose en dehors de soi comme référence. Elle s'opère le plus souvent sur la base de la différence des sexes (papa et maman ne sont pas les mêmes), mais elle peut se faire dans un registre autre, comme c'est le cas chez les parents homosexuels, chez qui le symbolique ne repose pas forcément sur le biologique.

La famille de Margaux vient me consulter parce que la fillette de neuf ans semble triste depuis la séparation de ses parents et commence à avoir des tics. La maman, qui a demandé le divorce, a une fille d'un précédent mariage, Jane. Celle-ci a été très proche du papa de Margaux jusqu'à la naissance de celle-ci, moment où il a rejeté sa belle-fille.

La maman a accepté d'emblée la solution de la garde alternée, se soulageant ainsi d'une partie de la culpabilité d'avoir quitté son mari. Mais Margaux a du mal à partir une semaine sur deux, laissant sa mère et sa demi-sœur ensemble. Se retrouver seule avec son père est difficile pour elle : parce qu'elle se sent obligée de le consoler et parce que cette intimité père-fille la renvoie à une situation de couple qu'elle a du mal à vivre. Exprimer sa tristesse revient à signifier qu'elle préfère être avec sa mère, ce qui est impossible ; ce serait rejeter son père. Il ne faut pas sous-estimer la position délicate dans laquelle se trouve un enfant vivant seul avec un parent, lorsque ce dernier met tous ses espoirs dans cette relation. Ainsi Margaux, au nom de la symétrie, se trouve dans un trop grand rapproché avec son père au moment où celui-ci n'est pas apte à s'occuper de sa fille.

La garde partagée semble offrir une solution, juridique autant que symbolique, qui reconnaît l'égalité des parents pour ce qui est des décisions concernant les enfants. Mais, comme si cette égalité de droits ne suffisait pas, beaucoup préfèrent l'égalité de temps. C'est privilégier, sans forcément le savoir, leur propre bien-être, bien-être qui passe par la présence à leurs côtés de ce bambin qui leur assure un statut et une identité. Toujours est-il que ce dernier se retrouve souvent dans une situation impossible, traversant en permanence un précipice sur une corde raide, le moindre écart étant sanctionné par la colère, la déception ou la tristesse du parent.

Les batailles judiciaires autour de la garde des enfants, de plus en plus nombreuses, prouvent, si besoin est, à quel point ceux-ci sont devenus un enjeu affectif. Pour que chacun ait ce qui semble lui revenir de droit, on assiste ainsi à certaines situations aberrantes où les parents se répartissent le temps passé avec les enfants comme on se répartit des biens.

Il ne suffit plus que l'enfant existe – aimer, c'est pourtant se réjouir de la seule existence de l'autre –, il faut surtout qu'il nous appartienne.

*L'asymétrie des relations*

L'amour est souvent dissymétrique, mais ce qui est source de souffrance dans la vie amoureuse est normal dans le lien parent-enfant. Celui-ci n'est pas une relation d'égal à égal, mais hiérarchique. Françoise Dolto a été la première à dire que l'enfant est une personne, ce que nul ne songerait plus à contester. De cette affirmation, on a pourtant conclu un peu vite que l'enfant était notre égal sur tous les plans, niant ainsi l'immaturité aussi bien constitutionnelle que fonctionnelle avec laquelle il vient au monde. En haute montagne, on accepte de se soumettre à l'autorité d'un guide, car il détient un savoir et une connaissance que l'on ne possède pas. Cette soumission à une autorité n'empêche pas d'être une personne à part entière et ne retire rien à notre dignité d'être humain. Dans l'éducation, cela doit se passer de la même façon : il faut pouvoir reconnaître que l'adulte et l'enfant n'ont pas un même niveau de connaissance et accepter que le premier, parce qu'il en sait davantage, puisse guider le second.

C'est aussi parce qu'on le considère comme notre égal que l'on croit que l'on peut tout dire, tout raconter à son enfant. Sous prétexte qu'il a désormais « le droit de savoir » – on ne se demande même plus ce qu'il doit savoir et pourquoi –, on le submerge d'informations qui ne le concernent pas toujours et dans un langage qui ne lui convient pas, qu'il ne peut peut-être pas toujours comprendre. C'est une chose d'énoncer à son enfant : « Je suis fatiguée, j'ai eu une journée difficile au bureau », c'en est une autre de lui raconter par exemple ce qui se passe au sein du couple ou les problèmes financiers. Pourtant les parents ont tendance à tout dire à leur enfant, par soucis de transparence, comme s'ils cherchaient par là à être mieux compris, donc mieux aimés. « Ça ne te regarde pas » est devenu une phrase taboue.

Mais être aimé n'est pas un but de l'éducation. Un parent aimé n'est pas forcément un bon parent. Un père divorcé qui a la garde de ses enfants un week-end sur deux et s'emploie pendant ce temps partagé à être un papa gâteau, qui cède à tous les caprices, se plie à tous les désirs de ses enfants, sera sans nul doute un papa très aimé – en tout cas très apprécié dans un premier temps, puisque l'enfant pense surtout en termes de présent et de satisfaction immédiate. Sera-t-il pour autant un « bon » papa ? Être très proche de ses enfants, avoir une relation sans conflits ne suffit pas à définir le bon parent. On pourrait dire que, paradoxalement, le bon parent est celui qui ne cherche pas à l'être à tout prix.

Aujourd'hui, on l'a vu, l'autorité est assimilée à une violence. Nous pensons au contraire que c'est l'absence d'autorité qui fait violence, dans la mesure où elle n'offre pas à l'enfant les garde-fous qui lui permettent de canaliser l'agressivité qui existe en lui-même. Ainsi, les passages à l'acte de l'adolescent apparaissent souvent comme le retour d'une autorité parentale qui n'a pas pu se dire dans la petite enfance. Les parents, ayant peur de laisser s'exprimer leurs mouvements d'agressivité vis-à-vis de leurs enfants, cherchent à tout prix à les éviter, voire à les nier. Parvenus à l'adolescence, les enfants reprennent à leur compte ce désistement parental, le jouent et le mettent en acte. Des émotions et des affects peuvent en effet être agis par les différents membres d'une même famille, dans un processus de non-différenciation. La colère exprimée par l'adolescent peut, pour ainsi dire, « appartenir » au père, par exemple, sans que celui-ci ait su la manifester. Le fils s'empare de cet affect non dit qui circulait au sein de la famille.

L'agressivité est cependant naturelle et constructive, plus particulièrement à l'adolescence où elle permet à celui-ci de trouver la bonne distance entre l'amour et la haine. Mais c'est bien grâce à l'agressivité que l'adolescent pourra renoncer à ses premiers objets d'attachement que sont les parents pour investir d'autres objets d'amour. Les parents d'aujourd'hui ont pourtant beaucoup de mal à l'accepter, prisonniers qu'ils sont de leur représentation d'un amour idéalisé qui ne connaîtrait jamais d'éclipses. Le rejet dont ils sont l'objet devient pour eux source d'une douleur inouïe comme s'ils avaient failli ou démérité. Il leur est difficile de comprendre que leur adolescent rejette le parent de leur enfance, mais cherche à créer de nouveaux liens propices à leurs âges.

*Le syndrome Tanguy*

Les adolescents ont, dit-on, de plus en plus de mal à quitter le domicile familial. La dépendance aux parents chez les plus grands entraîne une difficulté à prendre et à assumer son autonomie. Il y a sans doute des raisons économiques à ce phénomène – allongement de la durée des études, difficulté à trouver un travail et donc à prendre son indépendance financière, difficulté pour les parents à aider matériellement leurs grands enfants –, mais ce ne sont pas les seules. Les parents étant devenus dépendants de leurs enfants, ils ont de plus en plus de mal à les laisser partir. Et les enfants, qui chez papa et maman ont et font tout ce qu'ils désirent – ils peuvent même vivre en couple si ça leur chante –, voient mal la nécessité de prendre une autonomie qui les priverait d'un certain confort auquel ils ne sont pas insensibles. Cet allongement de la cohabitation traduit sans nul doute un repli sur la sphère familiale et des relations aux limites mal définies, comme l'a si bien montré Tanguy, le héros du film du même nom réalisé par Étienne Chatiliez. L'histoire raconte admirablement – et sur un ton grinçant – l'attachement pathologique qui lie ce garçon de vingt-huit ans à ses parents à qui il demande sans cesse s'ils l'aiment, pour être rassuré. Ce n'est que contraint et forcé que Tanguy quitte le domicile familial, mais la vie en solitaire dans son studio provoque chez lui des crises d'angoisse réelles qui dérangent ses parents dans leur intimité de couple et vont nécessiter jusqu'à une hospitalisation. Faute de parvenir à résoudre ses angoisses de séparation, Tanguy épousera une Chinoise. Il vivra au sein de la famille de celle-ci, dans une proximité et une promiscuité qui lui conviennent très bien !

En fait, et c'est là où réside tout le comique du film, Tanguy est un adulte mais se comporte exactement comme un enfant de deux ans. Les auteurs ont bien compris la crise de la famille occidentale, la difficulté de se libérer d'un trop grand rapproché affectif et sentimental pour gagner son autonomie individuelle. C'est cette autonomie que ne parvient pas à assumer Tanguy. Le film ne montre pas comment il en est arrivé là et quelles relations sont à l'origine de son angoisse de séparation, mais force est de constater que le héros perd tous ses repères dès lors qu'il se trouve hors de sa famille.

Dans la réalité de notre pratique, lorsque nous essayons de comprendre les racines de ce que l'on appelle désormais « le phénomène Tanguy », nous trouvons souvent un mode d'attachement familial qui se caractérise par ce que j'ai nommé une « confusion des sentiments ». On constate souvent, au sein de certaines familles, une rigidification des représentations des émotions très caricaturales. Tout se passe comme s'il y avait une distribution des affects : un membre porte la colère, un autre la tristesse... il n'y a plus de différenciation opérante des sentiments entre les différents membres de la famille. Dès lors, la séparation devient difficile, voire impossible, car celui qui s'en va emporte avec lui des affects qui ne lui appartiennent pas et en laisse d'autres qui lui appartiennent. Tout départ menace de détruire l'équilibre du système familial et de celui qui tente d'y échapper.

# Conclusion

## La famille ogre

Ainsi, le départ de la maison familiale devient-il difficile et la constitution d'un lien que l'on pourrait qualifier d'horizontal (entre personnes de la même génération) est mise à mal par la force du lien vertical (entre le parent et l'enfant).

La transition d'une famille à une autre, de celle d'où l'on vient à celle que l'on va créer, se fait rarement sans heurts, mais ces heurts sont aujourd'hui amplifiés parce qu'il existe un lien de dépendance entre deux niveaux générationnels. Si la crise d'adolescence prend de nos jours une importance tout à fait singulière, c'est sans doute parce que les parents supportent mal la remise en question qu'elle implique pour eux. Dès les premiers mouvements de rébellion, ils ont souvent des réactions de rejet vis-à-vis de leur progéniture. Or, ils doivent pouvoir résister, en restant à leur place. S'ils réagissent en miroir de l'adolescent, le repoussant à hauteur du rejet manifesté par celui-ci, ils se mettent dans une position symétrique par rapport à lui, comme dans une relation amoureuse.

Les grandes crises de la famille s'expriment le plus souvent dans les moments de mutation autour des enfants, la naissance et le départ de la maison notamment. Le bébé qui naît fait la famille, l'enfant qui la quitte la défait. À chaque fois, c'est une remise en question pour le couple. Combien se séparent lorsque les enfants s'en vont ? Sans doute parce que, pour beaucoup, l'enfant, centre de la famille, a constitué le principal projet de vie commun ; à son départ, on n'a plus le même âge, plus les mêmes attentes, ni les mêmes désirs et il faut redistribuer les cartes, trouver d'autres façons d'être ensemble.

Parce qu'on place l'enfant au centre de notre vie, on a besoin de lui pour se réaliser – et l'on voudrait qu'il n'existe qu'à travers nous. L'enfant a pourtant besoin d'exister ailleurs qu'au sein de la famille, mais lui-même se sent indispensable à notre être, ce qui rend son autonomisation problématique.

De façon assez paradoxale, dans une société de plus en plus individualiste où la famille est en perte de vitesse, dit-on, il devient très difficile de lui échapper et de s'en éloigner. On vit pourtant dans l'illusion que l'on est libre. Mais il y a, au sein des familles, du non-dit qui est de l'ordre du chantage affectif là où il y avait autrefois exigence de continuité et de transmission.

Si l'enfant est bien un roi, c'est un roi prisonnier de son royaume, et la tyrannie qu'il exerce est à entendre comme une révolte contre cette « incarcération ». On pensera peut-être paradoxal de demander plus de liberté pour ces enfants qui n'ont pas de limites – et en souffrent –, mais c'est d'une autre liberté qu'il s'agit : non pas la liberté de faire ce qu'ils veulent, mais celle de pouvoir avoir une identité en dehors de la relation familiale.

Le jeu de balance entre amour et haine est nécessaire à la bonne santé d'une relation. Il ne s'agit pas de moins aimer nos enfants, mais de supporter qu'eux puissent ne pas toujours nous aimer et parfois même nous détester.

# Remerciements

Le travail de clinicien, captivant, est aussi très solitaire. Je tiens donc à remercier les équipes avec lesquelles je travaille en institution, où les échanges sont précieux et toujours passionnants. L'équipe de psychodrame du Centre Étienne-Marcel, menée par Pierre Sullivan, a été le lieu d'échanges stimulants. Le Pr David Cohen, chef du service de pédopsychiatrie de l'hôpital de la Pitié-Salpêtrière, m'a toujours soutenue. Serge Hefez et Suzanne Czernichov, avec qui je fais équipe au Centre de thérapie familiale, ont contribué à de longues discussions qui ont nourri ma réflexion. Je salue la patience de mon éditrice Isabelle Seguin qui m'a suivie pendant ce long accouchement. Je voudrais remercier tout particulièrement Estelle Louët et Susan Sullivan dont les lectures attentives et les conversations m'ont guidée et encouragée.

# Table

Introduction ........................................................ 9

1. L'amour idéalisé ........................................................ 15

2. Les enfants, nouveaux objets amoureux ........................ 53

3. Le mythe de l'enfant parfait :
une nouvelle forme de violence .................................. 91

4. La confusion des rôles : l'enfance volée........................ 133

5. La confusion des sentiments........................................ 171

6. La nouvelle dépendance .............................................. 205

Conclusion : La famille ogre ........................................ 229

Remerciements............................................................. 233

*Ce volume a été composé*
*par Nord Compo*
*Impression réalisée sur CAMERON par*
*BRODARD ET TAUPIN*
*La Flèche*
*en novembre 2007*

N° d'édition : 6614/03 – N° d'impression : 44384
Dépôt légal : novembre 2007

*Imprimé en France*